„…aus Preetzer Geschichte…“

Sonderband IV

Reihenherausgeber: Axel Langfeldt
im Auftrag des Heimatvereins Preetz und Umgebung e.V.

Reiſebrief an die Leſer der Preetzer Zeitung

San Juan, den 1. Februar 1953
West-Indien

Liebe Leser!

Heute sind wir auf der Insel Porto Rico (Hauptstadt San Juan) angekommen, es ist eine amerikanische Kolonie. Schon kommt die Schiffsabfertigung in Gestalt von 16 Mann, „schwarze Gäng" (auf deutsch Schnüffler). Sie bringen Fragebogen, 36 Stück! Nachdem wir in Gruppe 6! eingestuft worden sind (Gruppe der Nichtbezahlten), haben wir den Landgangsticket bekommen. Nun geht's an Land (ohne Devisen). Die Stadt, vollkommen amerikanisch mit Wolkenkratzern, den Autos und den wunderbaren Häusern! Ja, die üblen Wellblechbaracken sind verschwunden. Schöne große Wohnblocks hell, sonnig mit Gärten sind entstanden. Ja, der Ami hat was hineingesteckt. Der Lebensstandard ist sehr gut, der Verdienst für die Schwarzen ganz prima. Preetzer Arbeiter halte dich fest! Ein Schwarzer verdient für seine Arbeit 1 Dollar 25 Cent, das sind nach unserer Währung 5.65 DM die Stunde. Die Lebensmittel sind sehr billig, aber die Wohnungen in den Neubauten sehr teuer, 80 - 100 Dollars. Ja, es hat leider alles seine Schattenseiten. Auch die sanitären Anlagen sind hier wirklich vorbildlich. Große neue Hospitäler entstanden. Die Schulen sind durchweg Neubauten. Sehr sauber finden wir die Kaffees. Ein Flugplatz, auf dem alle 5 Minuten ein Flugzeug landet ist vorhanden, dann natürlich ein Marine-Stützpunkt. Herrliche, ja fast paradiesische Strandanlagen lassen uns vor Neid erblassen, wie im Film. Die Villen der Filmstars sind mit allem Komfort ausgestattet. Wir konnten uns nicht sattsehen. Nur die Textilien sind unter Null. Ich glaube: Absatzgebiet für amerikanische Ladenhüter, billig aber schlecht. Kleine Taxigirls, so schwarz wie die Nacht, mit lackierten Nägeln und Sonnenschirm sehen drollig aus, dazu im selbstgeschneiderten Bikini, Muster „Marine-Bettbezug", das gab natürlich Anlaß, tüchtig zu lachen. Vorsicht! Bin ja auch verheiratet! Es sind sehr viele Soldaten von Korea zur Erholung hier. Sie spielen so'n bißchen Millionär.

Nun schreibe ich das nächste Mal von der englischen Kolonie Skt. Kitts. Viele Grüße!

Hannes, Schellhorner Straße 40

(aus der Preetzer Zeitung vom 12. Februar 1953)

„ ... aus Preetzer Geschichte ... "

Lars Frühsorge

Reise-Erinnerungen

Von Pilgern, Kriegern und Globetrottern

Begleitband zur Ausstellung im Museum Preetz

Bibliografische Information der Deutschen Nationalbibliothek:
Die Deutsche Nationalbibliothek verzeichnet diese Publikation in der Deutschen Nationalbibliografie; detaillierte bibliografische Daten sind im Internet über www.dnb.de abrufbar.

Titelbild: Ekeko aus Bolivien, vor 1966, Sammlung Ingrid Berlik.

Herstellung und Verlag: BoD – Books on Demand, Norderstedt
ISBN 9783734776649

Satz und Layout: Lars Frühsorge
Katalogfotografie: Bernd Perlbach.
Alle weiteren Abbildungen stammen - soweit nicht anders angegeben - von den Autor*innen und Leihgeber*innen der Objekte.

Vorwort

Am 15. November 2018 tauchte eine interessante E-Mail in meinem Postfach auf. Die Völkerkundesammlung der Lübecker Museen hatte einen neuen Leiter bekommen: Dr. Lars Frühsorge. Da er in Preetz wohnt, hatte er sich Gedanken über eine mögliche Zusammenarbeit mit unserem Museum gemacht. In den Beständen befänden sich hochwertige Kunstwerke aus aller Welt, die noch niemals öffentlich gezeigt wurden. Diese umfangreiche Sammlung stammt aus dem Nachlass eines Professors Werner Winter aus Preetz. Die Frage lautete jetzt, ob wir uns vorstellen könnten, ein Teil dieser Sammlung im Preetzer Museum auszustellen. Herr Frühsorge würde uns auch bei der Vorbereitung der Ausstellung unterstützen. Eine lange Überlegungszeit war nicht nötig. Ein paar Tage später erfolgte der Anruf in Lübeck und schnell war ein Kennlerntermin im Museum abgemacht. Bei diesem kamen wir aus dem Staunen nicht mehr heraus. Die mitgebrachten Bilder ließen keinen anderen Schluss zu, wir mussten in dieser Richtung eine Ausstellung machen. Am Besten wäre natürlich eine mit den Exponaten von Herrn Winter. Die Faszination über diese Möglichkeit schmolz aber schnell dahin. Denn der in diesem Falle nötige professionelle Transport hätte unser Budget schon im Ansatz gesprengt. Eine andere Möglichkeit musste gefunden werden.

Da Herr Frühsorge schon an die sechzig Länder der Welt bereist und auch zu Hause eine kleine aber feine Sammlung hat, wurde ein Termin bei ihm zur Besichtigung vereinbart. Hier ging das Staunen weiter. Beim anschließenden gemütlichen Beisammensein sind wir dann zu dem Ergebnis gekommen, dass auch Preetzer Bürger spannende Dinge von Auslandsreisen mitgebracht haben und wir diese unter dem Motto „Preetzer entdecken die Welt" präsentieren könnten. Was für eine tolle Idee. Schnell waren zwei Termine als „Sprechstunde" auserkoren. Am nächsten Tag die Presse informiert und sie ins Museum eingeladen. Die Ankündigungen erfolgten zeitnah. Was würde uns bei den Sprechstunden erwarten? Was würden wir als Exponate bekommen? Würde überhaupt jemand kommen? Der erste Termin rückte unaufhörlich näher und die Spannung stieg.

Dann der ersehnte Augenblick, die ersten Leihgeber waren da. Was verbarg sich im Karton oder in der Wolldecke? Auch ein vollgepackter Wäschekorb war dabei. Das Auspacken begann und die spannende Reisegeschichte dahinter wurde ausgiebig erzählt. Die Wartezeit verbrachten viele Gäste bei Kaffee und Kuchen. Was haben wir bekommen? Steigbügel von argentinischen Gauchos, Schwert und Glocke von einer beruflichen Reise, viele Masken, Bilder Teppiche, Holzfiguren, eine Bibel und einen Koran, Porzellangefäße, Samoware, Schatullen, Wasserpfeifen, Federschmuck und v.a.m.. Wir waren total begeistert. Was würden wir von dem alles ausstellen können? Nach welchen Kriterien würden wir die Dinge sortieren? Nach Ländern, nach Themen, nach Art der Reisen? Guter Rat war nun gefragt. Alles zu präsentieren war unmöglich. Die Vitrinenkapazität war begrenzt und die Wandflächen gaben auch nur wenig Platz. Nach intensiven Gesprächen einigten wir uns auf eine thematische Gliederung. Der „Rote Faden" war gefunden.

Die Ausstellungsstücke wurden in den Sprechstunden fotografiert und dem jeweiligen Leihgeber zugeordnet. Auch die Umstände der Reise wurden in Kurzform festgehalten. Aufgrund dieser Aufzeichnungen war eine Thematisierung möglich.

Welches Thema nun in welchen Raum und welche Exponate in die Vitrinen oder an die Wand? Hier war wieder guter Rat teuer. Es sollte von jedem Leihgeber zumindest ein Stück gezeigt werden. Viele Beratungsstunden später hatten wir uns auf die interessantesten Stücke geeinigt. Die Belegung der Vitrinen begann. Wie oft wir umgestellt haben? Ich weiß es nicht. Von Tag zu Tag nahm die Ausstellung jedoch konkretere Konturen an und irgendwann war der Zeitpunkt der „Endgültigkeit" erreicht. Wir waren zufrieden. Mehr ging jetzt nicht. Die Eröffnung konnte kommen.

Diese Publikation wurde gefördert von:
Marius-Böger-Stiftung
Selk-Harder-Stiftung
Wankendorfer Baugenossenschaft für Schleswig-Holstein eG

Wir danken den Leihgebern der Objekte, den Autoren der Beiträge und dem Ehepaar Perlbach für ihre grafischen Arbeiten.

Axel Langfeldt

Inhalt

1. Eine kleine Geschichte des Reisens
Lars Frühsorge

Die Geschichte des Reisens ist mit Migrationen, Kriegszügen und Handelsfahrten so alt wie die Menschheit selbst. Auch Pilgerreisen sind ein sehr altes und in allen Weltreligionen verbreitetes Phänomen. Und selbst touristische Reisen sind seit der Antike nachweisbar. So berichten römische Quellen von Bildungsreisen zu griechischen Tempeln, von Nilschiffern, die ihren Passagieren ein dramatisches Showprogramm boten, von Souvenirgeschäften und dem lautstarken Nachtleben der Ferienorte am Mittelmeer. All dies blieb jedoch der Oberschicht vorbehalten und Reisen beschränkten sich auf die Grenzen des Römischen Reiches, weshalb diese frühe Blüte des Tourismus mit dem Zerfall des Reiches ebenfalls endete.

Auch mittelalterliche Pilgerreisen nach Jerusalem ähneln in gewisser Weise modernen Touristenreisen. Sie waren durch professionelle Reiseführer straff organisiert und die Pilgergruppen blieben meist unter sich, so dass es zu keinen nennenswerten Kontakten mit den Einheimischen oder Reisenden aus anderen Ländern kam.

In der Neuzeit entstand mit der Kavaliersreise oder „Grand Tour" eine neue Form der Bildungsreisen. Durch den Besuch antiker Stätten, durch das Studium von Kunst und antiker Sprachen, aber auch durch Besichtigung moderner Festungen und Fabrikanlagen sowie Aufenthalten an fremden Fürstenhöfen sollten Adelssöhne auf ihre spätere Tätigkeit vorbereitet werden. In der Praxis boten diese Reisen den jungen Adligen aber auch Chancen, den strengen Regeln des höfischen Lebens zu entfliehen, dem Glücksspiel zu frönen oder Kontakte mit der Damenwelt zu knüpfen. Trotzdem glaubt der Historiker Thomas Freller, dass die vielgereisten Adelsfamilien jener Zeit dem Gefühl eines vereinigten Europas näherkamen, als es in der heutigen Europäischen Union der Fall ist.

Ein wichtiges Erbe jener Epoche sind die Wunderkammern, in denen Fürsten neben Fossilien und anderen Naturalien auch archäologische Funde und Objekte aus fremden Kulturen sammelten. Besonders altägyptische Artefakte und Kunst aus China erfreuten sich schon damals größter Beliebtheit. Allerdings stand hinter diesen Sammlungen weniger der Wunsch nach einem Verständnis fremder Kulturen, sondern eher ein Bedürfnis, Reichtum und Macht zu demonstrieren, um Besucher zu beeindrucken.

Abgesehen von dem Heiligen Land beschränkte sich solche Privatreisen bis in das 18. Jahrhundert aber noch weitgehend auf Westeuropa. Nur sehr abenteuerlustige Personen wie der berühmt-berüchtigte Fürst Pückler besuchten auch Nordafrika oder Persien. Der Einfluss dieser wenigen Reisenden sollte trotzdem nicht unterschätzt werden. So lösten ihre Reiseberichte in Europa nicht nur eine Begeisterung für islamische Kunst und Architektur aus, sondern prägten auch Klischeevorstellungen über Harems, despotische Herrscher und „den Orient“, die bis heute in der Werbung und den Erwartungen vieler Reisender überdauern. Das haben auch Tourismusunternehmen erkannt, und passen durch entsprechende Hotelarchitektur oder Folkloreshows die oftmals wenig pittoreske Lebenswirklichkeit jener Länder an die europäischen Fantasien an.

Erst im 19. Jahrhundert begann mit neuen Verkehrsmitteln wie Dampfschiffen und der Eisenbahn ein Prozess, den ich als eine Demokratisierung des Reisens bezeichne. Durch die weltweite Ausdehnung der europäischen Kolonialreiche und dem darauffolgenden Ausbau der Infrastruktur wurde es letztlich nicht nur Adligen, sondern auch reisefreudigen Bürgern möglich, Länder zu bereisen, die man zuvor nur aus den Berichten früher Forschung und Eroberer kannte. So kam es auch zur Gründung erster Reiseunternehmen, wie dem von Thomas Cook, der Mitte des 19. Jahrhunderts bereits erste Kreuzfahrten, Ägyptenreisen und 1872 sogar eine komplette Weltreise anbot. Auch die Entstehung gedruckter Reiseführer wie dem Baedeker erleichterte das Reisen und erlaubte es besonders unverheirateten Frauen, endlich ohne männliche Aufpasser zu reisen.

Angetrieben von der Aufklärung, und auch bedingt durch die Schattenseiten der Industrialisierung, veränderten sich im 18. und 19. Jahrhundert zudem die Weltsicht und Erwartung von Reisenden. Hatten Berge und Ozeane zuvor als bedrohlich gegolten, begann man mit der Romantik auch die Schönheit dieser Orte zu erkennen, was die Entstehung von Seebädern und des Alpinismus zur Folge hatte. Zugleich entwickelte sich eine Art „literarischer Tourismus", bei dem es nicht um eigene Entdeckungen ging, sondern darum, Wirkungsstätten bekannter Literaten und Schauplätze ihrer Romane kennenzulernen oder die Erlebnisse früherer Reiseschriftsteller nachzuempfinden.

Einen guten Einblick in die Welt dieser frühen Touristen offenbaren die Reiseberichte des Lübeckers Gustav Pauli (1824-1911). Von der Postschiffreise zum Nordkap bis zum indischen Taj Mahal, von seiner Begeisterung für Kroatien und Kreta bis zu seiner Kreuzfahrt nach Australien und Hawaii weisen seine Reiserouten bereits erstaunliche Ähnlichkeiten mit unseren heutigen globalen Touristenströmen auf. So konnte er in den 1860er und 70er Jahren in Ägypten bereits eine Art All-Inclusive-Urlaub genießen, Madeira erschien ihm hingegen schon von britischen Kurgästen überlaufen. Auf den Kanaren traf er sogar erste deutsche Aussteiger. Lediglich auf Mallorca beklagte er sich noch über das Fehlen von Hotels und die geringe Gewöhnung der Spanier an Touristen. Somit waren Ende des 19. Jahrhunderts, also in jener Zeit, in der unsere Ausstellung einsetzt, bereits die wesentlichen Grundlagen des modernen Tourismus geschaffen.

Natürlich gab es auch im 20. Jahrhundert Ereignisse, die den heutigen Tourismus beeinflussen. So zogen etwa die Nordlandreisen von Kaiser Wilhelm II. bald auch bürgerliche Kreuzfahrten bis in das ferne Spitzbergen nach sich, die in ähnlicher Form bis heute angeboten werden. Ebenso ist es auffällig, dass sich unter unseren bevorzugten afrikanischen Reisezielen der Deutschen mit Namibia und Tansania zwei ehemalige deutsche Kolonien größter Beliebtheit erfreuen. Aber auch die „Kraft durch Freude"-Reisen des Nationalsozialismus oder der seit den 1970er Jahren boomende männliche und weibliche Sextourismus in Südostasien, Afrika oder der Karibik dürfen in einer Entwicklungsgeschichte des Tourismus nicht unerwähnt bleiben. Schließlich sind die Erfindungen weiterer Verkehrsmittel wie dem Automobil oder des Flugzeugs zu nennen, die das Reisetempo und die Zahl der Touristen im 20. Jahrhundert noch einmal deutlich erhöhten. Aber selbst die zahllosen sonnenhungrigen Deutschen, die seit den 1960er Jahren Sommer für Sommer mit dem Auto die Alpen gen Italien überqueren, reisen in gewisser Weise auf den Spuren von Goethes Italienreise und besuchen Ziele, die schon zum Reisekanon der „Grand Tour" gehörten. Bewusst oder unbewusst ist jede Reise also immer von unserer eigenen Geschichte geprägt.

Zum Weiterlesen

Frühsorge, Lars (2018) Gustav Pauli (1824-1911). Die Reiseberichte und Sammlungen eines frühen Weltreisenden aus Lübeck. Lübeck: Schmidt-Römhild.

Freller, Thomas (2007) Adlige auf Tour: Die Erfindung der Bildungsreise. Ostfildern: Thorbecke.

Hachtmann, Rüdiger (2007) Tourismus-Geschichte. Göttingen: Vandenhoeck & Ruprecht.

Lomine, Loykie (2005) Tourism in Augustan Society (44 BC - AD 69). In: Histories of Tourism: Representation, Identity and Conflict, John K. Walton. Clevedon: Channel View: 71-87.

Pauselius, Peter (2015) Weltreisende. „…aus Preetzer Geschichte…" Nr. 22: 69-80.

Zuelow, Eric G. E. (2016) A History of Modern Tourism. New York: Palgrave MacMillan.

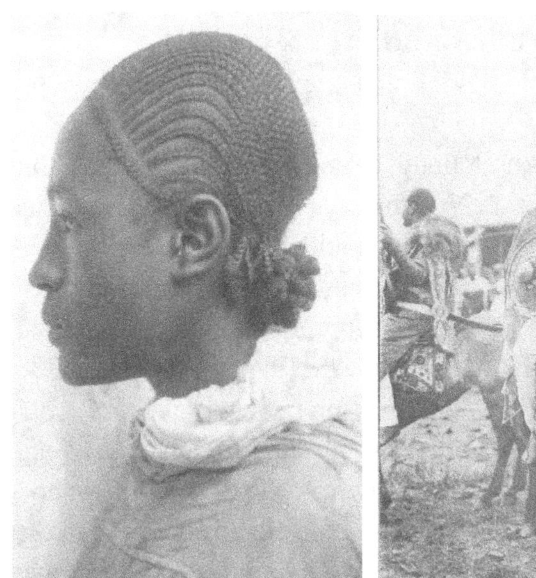

Postkarten aus Äthiopien, 1930er Jahre (Sammlung Bruns)

Dorfleben in Nigeria, 1960er Jahre (Foto: Ludwig Orth)

2. Die Reisenden und ihre Objekte
Lars Frühsorge

Zu Beginn unseres Ausstellungsprojektes war noch alles möglich. Niemand hatte eine Vorstellung, wie viele Reisende sich auf unseren Aufruf in der Presse melden und wie ergiebig ihr Material sein würde. Ich wusste aber, dass Gutsherren aus dem Preetzer Umland bedeutende Reisen unternommen hatten. Victor von Plessen etwa bereiste Indonesien in den 1920er und 30er Jahren und dokumentierte seine Reisen in Sammlungen, Gemälden und Filmen. Von der Reiselust der Familie Johanssen zeugt hingegen ein chinesischer Altar in der Lübecker Völkerkundesammlung, mehr noch aber die Kapelle Sophienhof, deren Architektur sich an osteuropäischen Kirchen orientierte. Auch hatte Peter Pauselius schon 2015 Preetzer Zeitungsberichte über Reisende des 20. Jahrhunderts veröffentlicht. Und schließlich hätte ich mit meiner eigenen Sammlung aus 60 Ländern fehlende Exponate leicht ergänzen können.

Tatsächlich war die Resonanz aber so groß, dass wir uns ganz auf bürgerliche Reisen vom späten 19. Jahrhundert bis heute konzentrierten. Und obgleich wir so viele Objekte wie möglich ausstellen wollten, war klar, dass wir all den Geschichten hinter den Exponaten niemals gerecht werden konnten. So erwuchs in mir der Wunsch, dieses einmalige Ensemble von Objekten in Buchform zu dokumentieren und dabei auch die Reisenden selbst, gewissermaßen als Zeitzeugen der Tourismusgeschichte, zu Wort kommen zu lassen.

Auch aus wissenschaftlicher Sicht schien so ein Vorhaben vielversprechend, da sich die meisten Veröffentlichungen zur

Geschichte des Reisens nur mit früheren Epochen, mit prominenten Reisenden und Reiseunternehmen, mit bestimmten Destinationen oder speziellen Reiseformen befassen. Die individuelle Erfahrung und Wahrnehmung von bürgerlichen Reisenden des 20. Jahrhunderts ist dabei eindeutig zu kurz gekommen, was ich nicht nur als Historiker, sondern auch als Ethnologe sehr bedauere. So stammt ein Großteil unseres Wissens über außereuropäische Kulturen aus Reiseberichten von Europäern. Die Frage, wie der Zeitgeist und die persönlichen Interessen dieser Reisenden ihre Wahrnehmung beeinflusst hat, wie tief sie überhaupt in fremde Kulturen eintauchen konnten, ist für die Ethnologie von zentraler Bedeutung. Diese Frage nach der Wahrnehmung von Reisenden stellt sich aber nicht minder für die heutige Zeit. Sie bleibt für ein friedliches Miteinander essentiell und gewinnt durch die digitalen Medien, in denen Reisende ihre Erlebnisse quasi in Echtzeit mit der Welt teilen, ganz neue Bedeutung.

Da die Autor*innen größtmögliche Freiheit haben sollten, fielen ihre Artikel vielfältig aus. Manche beschreiben ganze Reisen, andere nur einzelne Erlebnisse oder Objekte. Manche Texte basieren auf Tagebuchaufzeichnungen, andere sind aus dem Gedächtnis oder in gemeinsamen Gesprächen rekonstruierte Erinnerungen. Leider konnten nicht alle Leihgeber*innen Beiträge verfassen, und Reisen aus der Zeit vor 1945 sind ohnehin nur noch in Form von Erbstücken präsent. So wird im Folgenden zunächst die Gesamtheit der Objekte und Sammler*innen in Form eines imaginären Gangs durch die Ausstellung präsentiert.

Licht aus dem Osten

Für die Präsentation der Objekte wählten wir eine zeitliche und thematische Abfolge. So sieht man schon vor Betreten der eigentlichen Ausstellungsräume drei Leihgaben, die sich dem Thema des Reisens in unterschiedlicher Weise annähern.

Als eine Art Begrüßung dient ein persischer Teppich mit Zitaten des Dichters Hafis. Der Leihgeber Jürgen Plischke gehört zu dem Team, das für die Preetzer Kirchengemeinden ökumenische Reisen organisiert. Als Mitbringsel von einer dieser Reisen verweist der Teppich einerseits auf eine beachtliche Tradition selbstorganisierter Gruppenreisen, zu denen auch frühe Exkursionen der Preetzer Volkshochschule nach Nordafrika oder in die Sowjetunion zählen. Andererseits soll uns der Teppich an die Faszination erinnern, die wir Europäer seit jeher für den sogenannten „Orient" empfinden, eine Begeisterung, die in Zeiten zunehmender Fremdenfeindlichkeit leicht in Vergessenheit gerät. Schon die alten Griechen und Römer waren von der persischen Kultur fasziniert, deren Wissenschaftler bis in das Mittelalter europäischen Gelehrten in vielen Bereichen weit voraus waren. Im 19. Jahrhundert glaubte man frei nach dem Motto „ex oriente lux" (Licht aus dem Osten) gar, dass die gesamte menschliche Kultur im Nahen Osten ihren Ursprung hatte. Speziell die Werke des Dichters Hafis wurden von Literaten wie Goethe sehr geschätzt, der seiner Islambegeisterung in seinem „West-östlichen Divan" 1819 lyrischen Ausdruck verlieh.

Ein Zelteingang aus dem indischen Bundessstaat Rajasthan, durch den man die Ausstellung betritt, machen das Eintauchen in einen anderen Kulturraum symbolisch erfahrbar. Der Stoff zeigt Pflanzen, Tiere, tanzende Menschen und Hindu-Gottheiten wie den elefantenköpfigen Ganesha, der Besucher beim Eintritt segnen und ihnen Glück bescheren soll. Für Diskussionen sorgten jene Zeichen, die einige Gäste als Hakenkreuze zu erkennen glaubten. Tatsächlich sind solche Swastikas schon seit Jahrtausenden u.a. als Glückszeichen und Sonnensymbole weltweit verbreitet und haben für Millionen von Menschen nicht die problematische Bedeutung, die wir mit ihnen verbinden. In diesem Sinne sollte der Zelteingang auch dazu anregen, bestehende Vorstellungen über scheinbar Bekanntes zu hinterfragen und sich auf die Glaubenswelt einer anderen Kultur einzulassen. Dass diese Zeltstoffe von Dr. Christian Stocks stammen, der als Diplomat auch beruflich eine kulturelle Mittlerfunktion hatte, lässt dieses Objekt umso passender erscheinen.

Ein drittes Objekt, das kurz vor der Eröffnung als Leihgabe unseres Bürgermeisters hinzukam, ist ein Wisent aus Pappmaché, der von Schüler*innen aus unserer Partnerstadt Tapa in Estland gestaltet wurde. Auch wenn es sich somit eher um ein Gastgeschenk handelt, verweist es doch auf die besonderen Beziehungen von Preetz zu Menschen im Osten Europas.

Händler in der Pampa

In den eigentlichen Ausstellungsräumen angekommen erwarten uns als erste und älteste Objekte zwei Paar hölzerne Steigbügel, die Kaj Rettmeyer aus dem Erbe seines Urgroßvaters erhielt. Hugo Theodor Rettmeyer (1864-1902) war Geschäftsführer der Dampf- und Wassermühle in Reinbek und später als Kaufmann in Südamerika tätig. Er verstarb schon im Alter von 37 Jahren an Bord eines Schiffes nahe Montevideo. Seine Biographie verweist somit einerseits auf die bis in die Anfänge der Menschheitsgeschichte zurückreichende Tradition von Handelsreisen. Andererseits steht sie auch exemplarisch für die Wurzeln unserer globalisierten Weltwirtschaft im 19. Jahrhundert. Allein die Hansestädte Lübeck, Hamburg und Bremen unterhielten damals rund 200 Konsulate in aller Welt. Dank neuer Verkehrsmittel wie der Eisenbahn und Dampfschiffen bot der Überseehandel vielen Menschen neue berufliche Perspektiven und dazu die Chance, Länder zu bereisen, die sie bisher nur aus Büchern kannten.

Die Steigbügel sind eine typische Ausrüstung der Gauchos in der Pampa Patagoniens. Reitutensilien wurden häufig von europäischen Reisenden vor Ort benutzt und später als Andenken aufbewahrt. In dieser Doppelfunktion als Gebrauchsgegenstand für Reisen und als Erinnerungsträger versinnbildlichen sie ideal das Thema der Ausstellung. Aus Sicht ihres Sammlers hingegen wiesen sie als alltägliche Objekte in einer für deutsche Reiter untypischen Form genau jene reizvolle Kombination von Wiedererkennen und Unbekanntem auf, die die meisten Reiseandenken auszeichnet.

Soldaten im Boxerkrieg

Die nächste Vitrine mit Andenken militärischer Fahrten nach China im Umfeld des Boxerkriegs (1900-1901) verweist auf die Tradition von Kriegszügen, welche neben Handelsreisen zu den ältesten Reiseformen überhaupt gehören. Zu sehen sind ein Behälter für Angelruten und zwei Elefanten aus Ebenholz von Wolf Bendfeld, dessen Großonkel Werner Bendfeld Musiker der kaiserlichen Marine im Boxerkrieg war, sowie ein Teller aus dem Nachlass eines Soldaten im Boxerkrieg, den Silke Päben von einer Nachbarin geschenkt bekam. Hinzu kommen ein japanisches Schwert, ein Kofferschloss mit Schriftzeichen, ein Teeservice, eine japanische Schatulle, der Stoßzahn eines Elefanten, eine Glocke und eine Kugel aus Elfenbein, in die eine weitere drehbare Kugel hineingeschnitzt wurde. All diese Stücke stammen von Johann Büsker, der als Maschinist auf der SMS Leipzig 1911-1913 Ostasien bereiste und dessen Geschichte von seinem Enkel Gerd Dreßler im folgenden Kapitel dargestellt wird.

Zum historischen Hintergrund dieser Reisen muss erwähnt werden, dass die europäischen Großmächte, Japan und die USA im 19. Jahrhundert große Anstrengungen unternahmen, um das chinesische Kaiserreich wirtschaftlich zu beherrschen. In den zwei Opiumkriegen hatte sich Großbritannien sogar das Recht erzwungen, Drogen an die Chinesen zu verkaufen. Auch das Deutsche Reich unterhielt von 1898 bis 1914 rund um die Stadt Tsingtau ein Pachtgebiet. Angesichts der Ohnmacht ihrer eigenen Regierung bildete sich in der chinesischen Zivilgesellschaft eine Widerstandsbewegung, deren in der Kampfkunst geschulten Mitglieder von den Europäern als „Boxer" bezeichnet wurden. Ihr Aufstand im Jahr 1900 bot den Kolonialmächten den Anlass für eine gemeinsame Militäroperation, die in der dreitägigen Plünderung Pekings gipfelte. Der eigentliche Boxerkrieg währte nur kurz, aber ein Teil der Truppen blieb als Besatzungsmacht in China zurück und auch Jahre später patrouillierten noch Schiffe wie die „Leipzig" in China, um Macht zu demonstrieren und die Sicherheit der Deutschen zu gewährleisten.

Seinerzeit galten solche Einsätze in den Kolonialgebieten als Abenteuer, zu denen man sich gern freiwillig meldete. So boten diese Reisen auch Männern aus ärmeren Familien die einmalige Chance, ferne Länder und fremde Kulturen zu erleben. Besonders chinesische und japanische Kunst übte eine große Faszination aus und wurde in Europa seit Jahrhunderten gesammelt. So galten auch die Erinnerungsstücke von diesen militärischen Reisen als sehr wertvoll. Sie wurden sorgsam gehütet und weitervererbt, wie das zerbrechliche Teeservice von Herrn Dreßler belegt, dass nicht nur die stürmische Überfahrt nach Deutschland, sondern auch zwei Weltkriege unbeschadet überstand.

Trotz des militärischen Hintergrunds dieser Reisen waren die meisten Mitbringsel aber kein Beutegut, sondern wurden schon damals von chinesischen Kunsthandwerkern gezielt für den Verkauf an Europäer produziert. Abgesehen von dem Schwert und Schloss weisen alle Stücke einen Stil auf, der merklich an den europäischen Geschmack angepasst wurde. Dieser Wirtschaftszweig der Souvenirproduktion floriert bis heute und auch Exemplare der hier gezeigten „Kugel in der Kugel" werden jährlich Millionen von Chinareisenden bei dem obligatorischen Besuchen von staatlichen „Friendship-Shops" an der Großen Mauern angeboten. Doch selbst wenn diese Andenken somit eher als Zeugnisse der Globalisierung und der Geschichte asiatischen Kunsthandwerks von Interesse sind, belegen sie auch, dass die aktuell so viel diskutierte Frage nach dem Umgang mit dem materiellen Erbe der Kolonialzeit nicht nur Museen, sondern auch große Mengen privaten Erbguts betrifft. Bedenkt man, dass sich allein in dem Rahmen dieser Ausstellung drei bisher unbekannte Kolonialsammlungen und Hinweise auf ein (nicht gezeigtes) Stück Raubgut aus dem Zweiten Weltkrieg fanden, so wird die gesamtgesellschaftliche Relevanz dieser Debatte deutlich.

Arzt am äthiopischen Kaiserhof

Das aus ethnologischer Sicht unbestrittene Highlight der Ausstellung ist eine Sammlung aus dem Nachlass von Dr. Albert Bruns, der in den 1930er Jahren am Hof des äthiopischen Kaisers Haile Selassie praktizierte. Als christliche Enklave inmitten muslimischer Länder und als einziges afrikanisches Reich, das sich der europäischen Kolonisation erwehren konnte, genoss Äthiopien seit jeher einen legendären Ruf. 1936 marschierten jedoch die italienischen Faschisten ein und verübten beispiellose Gräueltaten. Diese Invasion zwang auch Dr. Bruns, das Land zu verlassen. Er verstarb wenig später in Deutschland. Seine Frau traf Haile Selassie jedoch noch einmal 1954, als der Kaiser Hamburg besuchte.

Dr. Bruns Sammlung umfasst neben einem Lederschild und Gebrauchsgegenständen aus Horn wertvolle religiöse Objekte wie eine Bibel in Ge'ez-Schrift, Handkreuze für Priester, Amulettbehälter sowie allerlei Silberschmuck mit christlich-jüdischen Symbolen. Hinzu kommen Ohrlöffel, mit denen sich die Menschen - sehr zur Verwunderung des Arztes - mitten im Gespräch die Ohren reinigten und schließlich einen jener Teppiche, die er bisweilen als Lohn für seine Dienste erhielt. Diese Objekte sind von großem kulturgeschichtlichem Interesse, da Äthiopien zu den ältesten christlichen Ländern Afrikas zählt und seine orthodoxe Kirche Traditionen bewahrt, die hierzulande seit Jahrhunderten in Vergessenheit geraten sind. So eröffnen uns Reiseandenken aus diesem Land immer auch ein Fenster in unsere eigene urchristliche Vergangenheit. Zugleich führen sie uns vor Augen, dass das Christentum keinesfalls nur ein europäischer Glaube ist, sondern dass es Jahrhunderte vor der Missionierung Norddeutschlands in Afrika und Asien bereits beeindruckende Ausdrucksformen hervorbrachte.

Reisen im Zweiten Weltkrieg

Als besonders kontrovers erwies sich die Frage nach dem richtigen Umgang mit Reisen während des Zweiten Weltkriegs. Wie sollten wir dieser komplexen Thematik gerecht werden, ohne sie zu bagatellisieren, aber auch ohne die anderen Ausstellungsthemen völlig zu überlagern? Schließlich entschieden wir uns für zwei Erbstücke von Gesine Frühsorge und Ingo Bubert, um exemplarisch auf die Widersprüchlichkeit jener Kriegserinnerungen einzugehen.

Friedrich Bubert war im Zweiten Weltkrieg als Stabsfeldwebel im Kriegslazarett in Minsk (heute: Weißrussland) eingesetzt. Er unterhielt gute Kontakte zu den Einheimischen und brachte bei einem Heimaturlaub einen Samowar mit, den er möglicherweise von einer einheimischen Familie geschenkt bekam. So ist dieses Objekt nach Ansicht seines Sohnes ein Beleg dafür, dass auch in Kriegszeiten ein positives Zusammenleben von Menschen unterschiedlicher Herkunft möglich war.

Diese Tatsache darf aber nicht darüber hinwegtäuschen, dass der Mythos von den guten deutschen Besatzern und den dankbaren Einheimischen nur selten der historischen Realität entsprach, und die in den Familien erzählten Kriegserlebnisse oft verdächtige Leerstellen aufweisen. Bestes Beispiel hierfür ist Gottfried Weiß, der Vater von Gesine Frühsorge, der im Zweiten Weltkrieg als Wissenschaftler und Mitglied der SS Wetterstationen auf Grönland und Kreta leitete. Er schrieb zwei Bücher über seine Aufenthalte, in denen er die Geschichte und landschaftliche Schönheit der Länder überschwänglich schilderte, jedoch fast alle Kriegshandlungen und Verbrechen, die seine Einsatzzeit begleiteten, sorgsam verschwieg.

Die Metallkanne, die er aus Kreta mitbrachte, überstand die Flucht der Familie vor der Roten Armee und wurde in der Notzeit nach Kriegsende zum Milchholen verwendet. Obwohl sie keinen ganzen Liter fasst, verlangte der Milchmann - sehr zum Ärger der Familie - immer den vollen Literpreis. Später, als man sich wieder neuen Hausrat leisten konnte, diente die Kanne nur noch als Blumenvase. So veranschaulicht dieses Objekt auch den Bedeutungswandel von Souvenirs im Laufe der Zeit und illustriert ein Stück Nachkriegsgeschichte.

Auf Pilgerpfaden

Mit Andenken einer Reise auf dem Jakobsweg von Volker Wende, einer Pilgerurkunde aus Jerusalem und verschiedenen Souvenirs von der Hadsch (Wallfahrten nach Mekka), wird schließlich eine weitere ebenso alte wie weltweit verbreitete Reiseform thematisiert. Zu den Objekten vom Jakobsweg zählen u.a. ein unterwegs gefundener und weiter verwendeter Wanderstab, die Jakobsmuschel, die seit dem Mittelalter als Erkennungszeichen der Pilger dient, ein weltlicher und ein religiöser Reiseführer, welche die säkulare und spirituelle Seite dieser Reise beleuchten, ein Pilgerpass mit Stempeln der Unterkünfte und eine Pilgerurkunde, die den absolvierten Weg belegen.

Während Herr Wende seine Erlebnisse selbst darlegt (Kapitel 15), fehlt uns eine entsprechende Dokumentation von muslimischer Seite. Somit bleiben nur die Objekte selbst, die von Fatma und Mehmet Ali Akcin, von Fadime und Jusuf Ertekin, von Mona Grimane und Ali Yildiz zur Verfügung gestellt wurden. Angesichts des aktuellen Erstarkens von Fremdenfeindlichkeit in unserer Gesellschaft würdigen wir diese Leihgaben als einen Vertrauensbeweis und als Beleg für eine gelungene Integration jener Familien, die z.T. in der dritten Generation in Preetz und Umland leben und die u.a. als Pflegekräfte im Preetzer Krankenhaus einen wichtigen gesellschaftlichen Beitrag leisten.

Zwei Gebetsteppiche wurden an einer Wand in Richtung Mekka platziert und mit einem Pfeil versehen, der die Gebetsrichtung und die genaue Distanz von 4410 km zur Kaaba anzeigt. Diese Inszenierung Seite an Seite mit den christlichen Pilgerobjekten sollte unseren Respekt signalisieren und gefühlte räumliche und kulturelle Distanzen hinterfragen. Nichtsdestotrotz bleibt Mekka bis heute für Nichtmuslime unzugänglich, was den Wert jener Objekte als kleinen Einblick in eine für die meisten Museumsbesucher verborgene Welt erhöht. Ein Reiseführer und ein Gebetsbuch in türkischer Sprache sowie ein kleiner Koran für Pilger auf einem Koranständer aus Usbekistan verdeutlichen die Vielfalt der oft fälschlicherweise als gleichförmig dargestellten Glaubensgemeinschaft des Islams.

Als typische Souvenirs aus Mekka sind Gebetsketten, Weihrauch, eine Art Schneekugel mit einem Bild der Kaaba sowie ein Anhänger mit arabischer Kalligraphie zu sehen. Dass einige Objekte die Aufschrift „Made in China" tragen, verdeutlicht, dass auch Mekka keinesfalls isoliert, sondern eine moderne Stadt im Zentrum des Welthandels ist.

Auf das persönliche Erlebnis der Pilgerfahrt verweisen ein Kopftuch für Frauen und eine Kopfbedeckung, die Männer während des Gebets tragen. Ein Flakon enthält ein schweres Pilgerparfüm, dass besonders von älteren Hadschis (Wallfahrern) gern aufgetragen wird. Auch ein Baumharz, das wie ein Kaugummi gekaut wird, und Datteln, die die Pilger essen, bringen uns ihr Erleben näher und sind genau wie das Wasser aus der Quelle Zemzem und die zugehörigen Trinkgefäße Referenzen an Personen, die wir auch aus der christlichen Überlieferung kennen. So soll dieses heilige Wasser direkt aus dem Paradies kommen. Nach koranischer Überlieferung ließ Allah diese Quellen entstehen, um die verdurstende Hagar (Frau des Patriarchen Abraham) und ihren Sohn Ismail (Stammvater der Araber) zu retten. Auch die Kaaba existiert laut Koran seit dem Anbeginn der Welt und wurde seither von Adam, Abraham, Mohammed und späteren islamischen Herrschern renoviert.

Eine Skulptur betender Hände aus Tunesien, Amulette aus der Gräberstadt von Samarkand (Usbekistan) sowie ein Gebetsstein aus Tonerde vom Grab des Ali in Nadschaf (Irak) verweisen schließlich darauf, dass auch in anderen islamischen Ländern lokale und nationale Wallfahrten stattfinden, deren Ziele häufig Grabstätten bedeutender Persönlichkeiten sind. Besonders für sunnitische Frauen, die kaum nach Mekka reisen, aber auch für Schiiten und Sufis sind diese Gräber von besonderer Bedeutung. Ein Besuch soll nicht nur Glück und Wohlstand bringen, sondern auch Krankheiten und Unfruchtbarkeit heilen. Manche dieser Kulte gehen auf vorislamische Traditionen zurück, wie auch die ausgestellten Amulette belegen. Einige dieser Stätten werden sogar von Christen, Juden, Buddhisten oder Hindus gleichermaßen verehrt.

Der Hippie Trail

Während Handelsreisen, Kriegszüge und Pilgerfahrten eine lange Tradition haben, stehen im zweiten Ausstellungsraum Wandelungen der Reisekultur im der Zeit nach 1945 im Vordergrund. Bestes Beispiel hierfür sind die in den 60er und 70er Jahren populären aber heute unvorstellbaren Reisen auf dem sogenannten „Hippie Trail", also auf dem Landweg von Deutschland bis nach Indien. Die Motivation der Reisenden, sich auf diesen langen und mühsamen Weg zu begeben, war vielfältig. Während sich einige für politische Fragen des Nahen Ostens interessierten oder Indien auf spiritueller Sinnsuche bereisten, trieben andere Abenteuerlust oder die Aussicht auf günstige Rauschmittel an.

Klaus Künzel, von dem wir neben Reisedokumenten einen Dolch aus Jordanien und einen Metallbecher aus Afghanistan zeigen, unternahm zu dieser Zeit gleich zwei Reisen. 1968 flog er mit einer Studentengruppe auf Einladung des Königs nach Jordanien, wo er sich über die politischen Verhältnisse und den Konflikt mit Israel informierte. Zwei Jahre später reiste er dann sogar per Anhalter bis nach Afghanistan (Kapitel 5).

Kirsten Böttcher absolvierte den Hippie Trail 1979 ganz klassisch mit ihrem Freund im VW-Bus (Kapitel 6). Sie durchquerten den Iran, Pakistan und Indien und kehrten erst neun Monate später nach Deutschland zurück. Wie bei vielen Reisenden jener Zeit war das Budget schmal. Es wurden nur wenige Andenken erworben, von denen wir zwei Schatullen und ein Textil zeigen. Auch verschweigt Frau Böttcher im Gegensatz zu anderen romantisierenden Darstellungen nicht die Risiken und Unannehmlichkeiten, die mit diesen Reisen verbunden waren.

Berufsreisen

Mit der Verbesserung der Wirtschaftslage in den 60er Jahren ergaben sich für einige Preetzer wieder Gelegenheiten für berufliche Auslandsreisen. Verglichen mit dem Angebot heutiger Billigflieger waren Flugtickets damals noch unerschwinglich. So unternahmen nur wenige Familien private Fernreisen, was ein berufliches Engagement im Ausland umso attraktiver machte.

Ein Elefant und eine Maske aus nigerianischem Ebenholz erinnern an die 1960er Jahre, als Ludwig Orth als Steuermann von Stückgutfrachtern die Küsten Westafrikas bereist. Wenn sein Schiff vor der Rückfahrt auf Reede lag und mit Holz beladen wurde, ruderten Händler mit Einbäumen an die Bordwand, und boten ihre Schnitzereien an. Manche dieser Stücke erfreuen Herrn Orth bis heute. Andere hingegen verschenkte er schon unterwegs an Hafenbeamte, um die Abfertigung des Schiffes zu erleichtern.

Die Reisen von Dr. Christan Stocks in den 1980er bis 2000er Jahren waren schon weniger abenteuerlich. Durch seine Tätigkeit im diplomatischen Dienst lernte er aber auch Ziele abseits der Touristenströme wie Kamerun oder El Salvador in einer einzigartigen Intensität kennen. Seine Exponate umfassen einen Metallvogel aus Kamerun, der in dem Verfahren der „Verlorenen Form" gegossen wurde und zwei Figuren aus El Salvador in Probsteier Tracht, die interessante transkulturelle Kunstwerke darstellen (Kapitel 14). Ein Korb in Form einer Schildkröte aus dem gleichen Land könnte zum Servieren von Schildkröteneiern gedient haben, bevor diese unter Artenschutz gestellt wurden. So ist dieses Exponat mit Fragen des Tierschutzes und der exotischen Küche gleich mit zwei Themen verknüpft, die in vielen Reiseerinnerungen eine Rolle spielen.

Eine Auswahl meiner eigenen Bestände aus Amerika, Afrika, Ozeanien und Europa soll schließlich über den Beruf des Ethnologen und das wissenschaftliche Sammeln informieren.

Lehrerinnen in Südamerika

Aufgrund des Wertes ihrer Sammlungen wurde eine eigene Sektion für zwei Lehrerinnen gestaltet, die in den 1960er und 1990er Jahren in Südamerika mit indianischem Kunsthandwerk in Berührung kamen.

Ingrid Berlik war von 1963 bis 1965 als Lehrerin an der Deutschen Schule in La Paz tätig. Mit der deutschen Gemeinde und ihrer damals noch ausgeprägt nationalsozialistischen Gesinnung konnte sie wenig anfangen. Umso mehr interessierte sie sich für die indianische Bevölkerung Boliviens und besuchte sogar die

Shipibo (alte Bezeichnung: Chipibo) im abgelegenen Amazonas-Tiefland Perus (Kapitel 4). Inspiriert von deren Webkunst und weiteren Reisen u.a. auf die Kanaren, nach Indien und Bangladesch wurde sie zu einer renommierten Textilexpertin. Was mich in unseren Gesprächen besonders faszinierte, war ihre Fähigkeit, sich in die Menschen hineinzuversetzen und den kulturellen Reichtum hinter der Fassade ihrer materiellen Armut zu erkennen. Während heutige Reisende von den oft ärmlichen und unhygienisch wirkenden Lebensbedingungen in Indien und Südamerika abgeschreckt werden, hatte Frau Berlik als Kriegskind und Flüchtling noch selbst Not und Armut erlebt und beurteilt Menschen daher nicht allein nach ihrem Äußeren.

Neben Schmuck der Shipibo und Webarbeiten aus den Anden umfasst ihre Sammlung eine Figur des Gottes Ekeko, der es sogar auf das Plakat unserer Ausstellung schaffte. Dass der Ekeko zwar aus vorchristlicher Zeit stammt, heute aber eine helle Hautfarbe hat, ist kein Zufall. So steht sein europäisches Aussehen sinnbildlich für den Wohlstand Europas und der nicht-indianischen Oberschicht Südamerikas. Die Miniaturobjekte sind Opfergaben, mit denen die Gläubigen um eben solche Dinge in Normalgröße bitten. Die Puppe einer Frau mit Kindern symbolisiert dabei den Wunsch nach einer Ehepartnerin und Nachkommen. Der Ekeko ist bis heute an vielen Orten auch als Souvenir für Touristen erhältlich, wird aber nach wie vor sehr verehrt. Somit führt er uns vor Augen, dass zwischen Souvenirs und Kultgegenständen bisweilen keine klare Trennung existiert.

Gotelind Frede kam in den 1990er Jahren durch einen Kollegen an der Theodor-Heuss-Realschule mit dessen Heimatland Paraguay in Kontakt. Sie lernte die Schnitzkunst der Mbya kennen und entschied sich, u.a. durch den Verkauf dieser Stücke im Preetzer Weltladen, die indianischen Gemeinden beim Aufbau von Dorfschulen zu unterstützen (Kapitel 9). Sie bewahrte auch einen Teil ihrer Sammlung auf, zu dem neben den Menschen- und Tierfiguren auch kunstvolle Teppiche, Federschmuck, Taschen, ein Hornbecher für Matetee und eine Rassel mit Patronenhülsen zählen, die wir in der Ausstellung zeigen konnten.

Ticket in den Kommunismus

Eine letzte Vitrine im zweiten Ausstellungsraum veranschaulicht mit Souvenirs aus China und der ehemaligen Sowjetunion Reisen in kommunistische Länder. Angesichts des geringen Wissens um das Leben jenseits des „Eisernen Vorhangs" oder „Bambusvorhangs" war ein Besuch dieser Länder für westdeutsche Reisende besonders interessant. Zu den chinesischen Objekten zählen Kinderkleidung, Porzellan, Modelle von Booten, einer Kutsche, Pagode und Rikscha, ferner Essstäbchen, Fächer, eine Schallplatte, Banknoten, ein Strohhut und die Abreibung einer alten Inschrift. Die meisten Stücke stammen von Winfried Liebig und Karl-Heinz Paetow, die seit den 70er Jahren China im Rahmen ihrer Berufstätigkeit als Ingenieure kennenlernten. Inge Wollgast gehörte hingegen zu den ersten, die eine touristische Reise nach China unternahm (Kapitel 7). Neben der unmittelbaren Erfahrung des Kommunismus stehen diese Objekte natürlich auch für die bereits erwähnte Jahrhunderte alte Faszination Europas für fernöstliche Kulturen. Dass chinesische Stücke sogar im folgenden Raum noch einmal auftauchen, kann durchaus als Anspielung auf die Allgegenwärtigkeit Chinas in unserer heutigen Welt verstanden werden.

Aus Russland werden Matrjoschkas, Holzlöffel, eine Pfauenfigur und ein Miniatursamowar sowie die Kopie eines Fabergéeis gezeigt. Auch hier entwickelte sich der Tourismus schneller als die politische Annäherung zwischen West und Ost. So konnte Volker Liebich bereits Ende der 70er Jahre Leningrad auf einer Ostseekreuzfahrt besuchen, wie sie bis heute angeboten wird. Mitte der 1980er Jahre organisierte auch die Preetzer Volkshochschule Reisen nach Russland, Armenien und Zentralasien, deren Höhepunkt 1988 ein kurzes Treffen der Reisegruppe mit Michail Gorbatschow im Moskauer Kreml war. Die Reise von Elfriede Sievers 1990 war hingegen schon von dem Zerfall der Sowjetunion gekennzeichnet und zeigt, dass in jener Zeit auch grenzüberschreitende Freundschaften entstanden (Kapitel 8).

Von einer modernen Form des Tourismus auf den Spuren des Kommunismus zeugen schließlich Banknoten aus Transnistrien. Dieser international nicht anerkannte Staat wurde 1990 von russischen Separatisten im Osten Moldawiens gegründet und ist neuerdings auch für Touristen aus dem Westen zugänglich. In Ermangelung anderer Souvenirs boten sich während meines Besuches im Jahr 2013 nur die eigentlich nicht auszuführenden Geldscheine als Reiseandenken an.

Souvenirs und Gastgeschenke

Im dritten Ausstellungsraum werden die vielfältigen Bedeutungen von Souvenirs aufgezeigt. Darunter verstehen wir in erster Linie Produkte, die in künstlerischer Weise die Besonderheiten eines Landes darstellen. Ein Ursprung dieser Kunstform dürften Mitbringsel von Pilgerreisen sein, wie sie seit dem Mittelalter nachweisbar sind. Mitte des 19. Jahrhunderts produzierten Kunsthandwerker von der Arktis bis zur Südsee bereits gezielt für den Verkauf an Europäer.

Wie bereits erwähnt, sind Souvenirs durch ihre Anpassung an den europäischen Geschmack oder durch die Tatsache, dass sie gar nicht in den Ländern selbst, sondern billiger in China oder Indonesien produziert werden, immer auch Zeugnisse der Geschichte der Globalisierung. Neben traditionellen Produkten entstehen auch neue Formen wie Recyclingspielzeug aus Altmetall und Plastik. Mitunter finden sich darunter richtige Meisterwerke. Da Kunsthandwerker ihre Arbeit oft nur als Broterwerb sehen, fehlt es ihnen an dem Selbstbewusstsein, mit dem sich andere Künstler vermarkten. Mit manchen Objekten verbinden sich auch politische Aussagen. Auf Spitzbergen verkaufte Matrjoschkas etwa unterstreichen den Anspruch Russlands auf diese Inseln. Eine Wikingerfigur mit der Flagge Estlands belegt hingegen den Wunsch vieler Esten, sich von Russland abzugrenzen und auch als Teil des skandinavischen Kulturraums wahrgenommen zu werden.

Ebenso können Souvenirs nicht nur bestimmte Reisen, sondern auch den Geschmack und Details aus dem Leben ihrer Sammler*innen widerspiegeln. Wir bezeichnen dies als biographische

Objekte. Rüdiger Sichting etwa ist ein echter Globetrotter. Er bereist seit Jahrzehnten mit Familie und Freunden die Welt und hat sich oft auch sozial engagiert. Er organisierte Fußballturniere und unterstützt mit seiner Frau ein Patenkind in Thailand. Auch als die beiden 2004 nur knapp den Tsunami überlebten, gab er sein Engagement nicht auf, sondern sammelte Geld für den Wiederaufbau und informierte die Preetzer in Zeitungsartikeln über die Situation in Thailand. Als Zeugnis seiner Reisen sammelt er Flaggen aller Länder, die er besuchte. Darunter finden sich auch Raritäten, wie jenes ausgestellte Exemplar der Aborigines aus Australien. Zugleich stellen Flaggen auch eine Verbindung zur Seefahrt her, deren Faszination sich Herr Sichtig in seinem Beitrag über eine Frachtschiffreise widmet (Kapitel 16), die eine relativ neue Form entschleunigten Reisens darstellen.

Auf eine traditionellere Form der Entschleunigung verweisen Funde aus der tunesischen Wüste, Schmuck der Tuareg und eine Götterfigur von den Kanaren, die Monika Most-Seidel an ihre Wüstenreise (Kapitel 12) und Wanderungen zu heiligen Naturstätten auf den Kanaren erinnern. Für dieser Form des Reisens, die sich bewusst gegen Beschleunigung und Kommerz richtet, aber persönliche und spirituelle Sinnfindungen fördert, sind solche Funde ein passenderes Andenken als normale Souvenirs. Ihr Arrangement aus Kerze, Sand und Wüstenfunden ist zudem ein interessantes Beispiel dafür, wie kreativ solche Andenken im heimischen Wohnzimmer präsentiert werden können.

Wie bereits im vorherigen Kapitel erwähnt, steht das Sammeln solcher Naturalien, von denen in der Ausstellung auch eine tunesische Sandrose von Ingo Bubert und ein marokkanischer Ammonit aus meiner Sammlung gezeigt werden, in einer langen

Tradition der Auseinandersetzung mit der Natur und Erdgeschichte. Selbst kunsthandwerkliche Artefakte können aufgrund ihres Materials eine besondere Aura der Authentizität erhalten. Dies gilt etwa für einen Miniaturkopf, den ich auf der Osterinsel erwarb und der aus dem gleichen Gestein gefertigt wurde, wie seine mehrere Meter hohen historischen Vorbilder. Auch die Nachbildung einer altmexikanischen Götterfigur reizte ihren Sammler Dr. Wirth, der sie beim Besuch einer Kernenergietagung erwarb, weniger wegen ihrer historischen Vorbilder, sondern weil er als Mineraloge eine besondere Affinität zu dem verwendeten Gestein hatte. Derartige Repliken archäologischer Funde, von denen wir auch Beispiele aus Ägypten und Peru zeigen, werden häufig als vermeintliche Originale erworben und dann enttäuscht als Fälschung abgetan. Viele Produzenten solcher Stücke sehen das anders. Wie die Ethnologin Ronda Brulotte feststellte, fühlen sich mexikanische Kunsthandwerker des archäologischen Erbes ihrer Vorfahren beraubt, weil vor allem ausländische Investoren das große Geschäft im Umfeld der archäologischen Stätten machen. So sehen sich die Ortsansässigen als Erben jener alten Kulturen nur im Recht, jene Stücke zu kopieren und sich so ihren Anteil an dem Geschäft mit den Touristen zu erstreiten.

Wie schwierig die Frage von Original und Fälschung zu beantworten ist, zeigt auch die eindrucksvolle Kopie der berühmten chinesischen Qingming-Rolle, die Klaus Wagner als vermeintliches Original in China erwarb. Tatsächlich ist diese Bildrolle und speziell das Motiv der Brücke in der Stadt Kaifeng sehr bekannt und findet sich selbst in und an Häusern in Preetz mehrfach dargestellt. Aber obwohl das Motiv selbst aus dem 12. Jahrhundert stammt, existieren seit Jahrhunderten mehrere Kopien dieser Rolle, die in China und Taiwan gleichermaßen als nationale Kulturschätze gelten. So ist nach chinesischer Auffassung eine exakte Kopie großer historischer Vorbilder eine eigene Kunstform und der Erhalt des ursprünglichen Aussehens oft wichtiger als die Frage, ob ein Objekt oder Bauwerk aus altem oder neuem Material besteht.

Ohnehin rückt die Frage der Authentizität bei Reiseandenken in den Hintergrund, da sie mehrheitlich nicht als ethnographische Zeugnisse, sondern als persönliche Erinnerungen an vergleichsweise flüchtige Begegnungen mit fremden Kulturen dienen. So erwarb das Ehepaar Wittig auf einer Studienreise in Peru ein Bootsmodell aus Schilf, das an ihren Besuch auf den schwimmenden Inseln der Uros im Titicacasee erinnert und einen Gürtel der Quechua, weil sie die Kunstfertigkeit der Weberinnen, die das komplizierte Muster ohne irgendeine Vorlage aus dem Kopf webten, faszinierte. Dass dieses Modell natürlich nur eine vereinfachte Form der Schilfboote der Uros ist, und dass die meisten Frauen im Hochland der Anden ihre Kleidung längst nicht mehr selbst weben, spielt in diesem Zusammenhang keine große Rolle. Gleiches ließe sich auch über die Handarbeiten aus Nordthailand sagen, die Frau Orth in Erinnerung an ihre dortige Wanderung (Kapitel 14) erwarb.

Auch ist die Bedeutung von Reisemitbringseln nicht statisch, sondern kann sich immer wieder ändern. So wertete Frau Orth etwa ein in Armenien erworbenes Buch nachträglich auf, indem sie es von einem armenischen Musiker in Deutschland signieren ließ. Interessant ist auch der Fall eines Gewands, das Ingo Bubert als Reiseandenken in Ägypten erwarb und später auf Karnevalsveranstaltungen trug. Während Souvenirs oft Gebrauchsgegenstände sind, die in Erinnerungsträger umgewandelt wurden, vollzog sich hier ein Wandel in umgekehrter Richtung.

Die Speisekarte, die Heinke Heintzen als Andenken aus dem Restaurant des World Trade Center mitnahm, wurde erst durch die spätere Zerstörung des Gebäudes zu einem historischen Dokument. Einige Souvenirobjekte sind auch von vornherein als rein historische Zeugnisse gedacht. Hierzu zählt eine Gedenktafel aus dem Preetzer Rathaus, die uns unsere Partnerstadt Blandford anlässlich der Eheschließung von Prince Charles und Lady Diana schenkte. Dass das in diesem Objekt verewigte Eheglück der beiden nicht von langer Dauer war, verleiht dem Stück sogar einen zusätzlichen Reiz. Letztlich sind aber alle Reiseerinnerungen, sei es in Form eines Fotos, Tagebuchs oder vermeintlich „typischer" Souvenirs immer nur Momentaufnahmen in einem historischen Wandlungsprozess, die keine allgemeingültigen Aussagen über ein Land oder seine Bevölkerung zulassen.

So sind gerade Souvenirs perfekte Zeugnisse, um Veränderungen von Kulturen zu studieren. Ein hölzerner Kopf etwa, den Herr Orth in den 1960er Jahren in Nigeria erwarb, erinnert nicht zufällig an die berühmten Bronzeköpfe, die britische Truppen 1897 aus dem Königspalast von Benin raubten und die in Europa erstmalig ein Bewusstsein für den Reichtum afrikanischer Kunst und Geschichte schufen. Die Begeisterung der Europäer für diese einstmals sakralen und nur für den Königshof bestimmten Bronzen führte dazu, dass sie bald für den Export massenproduziert wurden. So entstand als eine Ironie der Geschichte aus jenem Raub eine bis heute einträgliche Einnahmequelle für afrikanische Künstler.

Auch die Maske in Gestalt eines westafrikanischen Ahnengeistes aus dem Besitz von Silke Päben wirkt nur auf den ersten Blick wie ein uralter Ritualgegenstand. So lassen die flache Ausführung und die Standfüße der Figur keinen Zweifel daran, dass sie als Dekoration für eine Wand gefertigt wurde.

Einen Wandel gänzlich anderer Art vollziehen Reiseandenken, die später als Gastgeschenke weitergegeben wurden. Hierzu zählen etwa eine Schattenspielfigur aus Sri Lanka und ein Rindenhorn aus Lappland, die das Ehepaar Reimers bei ihren jährlichen Papierfigurentreffen geschenkt bekamen. Die Wasserpfeife und das Schwert stammen hingegen von Dr. Reza Khojasteh der sich in Preetz als Arzt niederließ. Er schenkte diese Stücke seinem Kollegen Dr. Hansen mit dem bezeichnenden Hinweis, dass ein echter Mann diese zwei Dinge haben müsste, was interessante Fragen über die Aushandlung von Geschlechterrollen in unserer transkulturellen Gesellschaft aufwirft.

Last but not least bekam Günther Schempp von einem Arbeitskollegen, der zur See gefahren war, eine ostafrikanische Holzfigur geschenkt. Er wählte gerade dieses Stück aus, weil die Figur ihn an Schempps typische Körperhaltung erinnerte. Als sein „afrikanischer Kollege" zierte die Figur lange Jahre den Schreibtisch von Herrn Schempp und erinnert uns daran, dass wir im Spiegel fremder Kunst selbst dann neue Erkenntnisse über uns selbst gewinnen können, wenn wir gar nicht selbst gereist sind.

3. Erinnerungen an die Kolonialzeit in Ostasien

Gerd Dreßler (Fregattenkapitän a.D.)

Die ausgestellten Exponate aus Ostasien waren, solange ich zurückdenken kann, Teil der Ausstattung des gemeinsamen Haushaltes meiner Mutter und meiner Großeltern. Insofern waren sie für mich von Anfang an da und wurden nicht von mir hinterfragt – eben, weil sie dazu gehörten. Das gilt auch für das japanische Langschwert, das dekorativ aufgehängt war (für mich viel zu hoch) und das Großvater von Zeit zu Zeit aus der Scheide zog und mir die Schärfe der Klinge vorstellte, mit der man sich angeblich rasieren konnte. Als besonders beeindruckend empfand ich die Blutrinne im oberen Teil der Klinge und die Vorstellung, dass dieses Schwert in den Wirrungen um 1900 wirklich zum Einsatz gekommen sein könnte.

Im Vorfeld des 100. Jahrestages des Beginns des I. Weltkrieges habe ich mich mit dem Marinedienst meines Großvaters intensiv beschäftigt und vermag diesen Zeitraum aufgrund meiner maritim-historischen Kenntnisse nachträglich zu füllen.

Der Werdegang meines Großvaters Johann Büsker, Jahrgang 1889, wurde wesentlich durch die Nähe der kaiserlichen Werft in Wilhelmshaven bestimmt. Bedingt durch den frühen Tod seines Vaters war er weitgehend auf sich allein gestellt und entschied sich nach der Berufsausbildung für eine Karriere in der kaiserlichen Marine und damit für ein Leben an Bord. Zum Maschinistenmaat für Kreuzer ausgebildet, wartete alsbald eine zweijährige Verwendung auf dem Kleinen Kreuzer „Leipzig" auf ihn, der dem Ostasiengeschwader in China zugeordnet war.

Die „Leipzig"

Das Deutsche Reich hatte Kiautschou als Schutzgebiet von China gepachtet und unterhielt dort einen Marinestützpunkt für das Kreuzergeschwader, um die deutschen Interessen in China zu wahren und in den deutschen Schutzgebieten in der Südsee Flagge zu zeigen.

An- und Abreise nach China erfolgten mit Passagierdampfern deutscher Reedereien, dauerten sechs Wochen und erfolgten turnusmäßig jährlich zur Ablösung von Besatzungsteilen. Das Leben an Bord der Kreuzer war schon in Friedenszeiten in den engen Decks durch den Bordalltag sehr eingeschränkt. Die Kriegsschiffe lagen im Hafen vor Anker; Landgang und Urlaub unterlagen strengen Reglementierungen. Der Seebetrieb stellte hohe Anforderungen an das körperliche Leistungsvermögen der Besatzungen, besonders beim Aufenthalt in den Gewässern der tropisch feuchten Klimazonen.

Rikscha-Fahrt in Tsingtau (China) Büsker in der Mitte

Die Zeit auf der „Leipzig" war geprägt durch Unruhen in China, die u.a. als Boxer-Aufstände Bekanntheit erlangten und die auf Jahre den Einsatz militärischer Mittel zum Schutz der Europäer in den küstennahen Städten und zur Demonstration militärischer Stärke erforderten. Außerhalb dieser krisenbedingten Einsätze erfolgten Fahrten im Rahmen der Seeausbildung zu den deutschen Schutzgebieten in der Südsee und Freundschaftsbesuche in Häfen ostasiatischer Nationen.

Großvater hat wenig aus dieser Zeit erzählt - ich habe allerdings auch nur wenig hinterfragt. Er hat die Zeit gut überstanden und musste sich ein Jahr nach Rückkehr den Erfordernissen der Seekriegsführung auf anderen Kriegsschiffen im I. Weltkrieg stellen. Diese Kriegserlebnisse haben ihn sicherlich mehr geprägt, da sie mit zwei Schiffsverlusten durch Feindeinwirkungen einhergingen, zu deren Besatzungen er zählte: Aufgabe des Kreuzers „Magdeburg" nach Minentreffer vor den baltischen Inseln

36

in der Ostsee sowie Selbstversenkung des Kreuzers „Rostock"
durch eigene Kräfte nach Abschluss der Skagerrakschlacht.

Johann Büsker mit Enkelsohn Gerd Dreßler 1953

Zurück zum Anfang: Ich kenne die ausgestellten Exponate seit
meiner Kindheit und habe mir nie die Frage gestellt, wie sie in
den Familienbesitz gelangt sein können. Die Objekte sind alle
über einhundert Jahre alt und müssen in Kiautschou bzw. in der
Hafenstadt Tsingtau (heute Qingdao) oder in Japan erworben
worden sein. Die entrichteten Preise sind mir nicht bekannt, und
es handelt sich offensichtlich nicht um Touristenware, die in

Anfängen damals schon angeboten wurde. Großvater galt im Dienst als strebsam und leistungswillig, so seine Führungsnachweise, und hat die Liegezeiten im Hafen zur fachlichen Weiterbildung genutzt – so erzählte er mir während der Hilfe bei meinen Schulaufgaben. Er führte demnach ein auf Sparsamkeit ausgerichtetes Bordleben und leistete sich die Anschaffungen, die heute in dieser Qualität selten sind, darunter ein sehr dünnwandiges und durchscheinendes sechsteiliges Teeservice mit Kranichmotiven.

Ungeklärt ist die Frage, wie die Gegenstände nach Wilhelmshaven gelangt sein könnten. Zunächst einmal mussten sie an Bord der „Leipzig" verbracht und dort unter beengten räumlichen Verhältnissen seefest verstaut werden – beim Porzellan sicher kein leichtes Problem. Beim Rücktransport nach Deutschland mussten sie dann zusammen mit der persönlichen Bekleidungsausstattung vermutlich im Seesack auf dem Passagierdampfer mitgeführt werden. Möglich aber auch, dass für die Besatzungsangehörigen der Schiffe in den Auslandsstationen Seekisten zur Verfügung gestellt wurden wie sie sonst nur Offizieren der kaiserlichen Marine vorbehalten waren. Seekisten gleichen Schrankkoffern und haben mich in der Bundesmarine bei meinen Umzügen begleitet. Aus dem Teeservice wurde zuhause allerdings nie getrunken – dazu erschien es zu zerbrechlich. Es hat sowohl den Verlust des Wohnhauses durch Bombentreffer in Wilhelmshaven 1944 als auch die danach erfolgten Einquartierungen und Umzüge der Familie gut überstanden.
Ich freue mich, mit diesen Exponaten aus Übersee im Kontext mit der deutschen Kolonialgeschichte zu Umfang und Qualität der Sonderausstellung im Heimatmuseum Preetz beitragen zu können.

4. Bei den Chipibos
Ingrid Berlik

1963 bis 1965 arbeitete ich als Auslandslehrerin an einer deutschen Schule in La Paz/Bolivien, vertraglich abgesichert durch das Auswärtige Amt in Bonn.

La Paz liegt um 4000 m hoch; Steppenlandschaft, heiß, trocken, kahl. In den ersten großen Ferien ging es dahin, wo die Tropen so sind wie ich sie mir vorstellte: Urwald, üppiger Pflanzenwuchs, feucht, schwül. Genau das fanden wir, zwei Kolleginnen und ich, in Pucalpa am Ucayali, einem Amazonas-Nebenfluss. Das schäbige Dorf lag im Stammesgebiet der Chipibos. Einige Urwaldindios lebten auch in der Nähe, aber die Begegnung mit ihnen war enttäuschend, sie waren zu trunksüchtigen Bettlern herabgesunken.

Im Albert-Schweitzer-Hospital empfahl man uns, tiefer ins Stammesgebiet vorzudringen, um echtem Indioleben zu begegnen. Also auf nach Paococha. Ausgerüstet mit Moskitonetzen und Medikamenten beladen, mit Einkäufen von Trinkwasser, Konserven und Glasperlen als Gastgeschenken ging es zum Bootsanlegeplatz.
Überraschung: Die Kolleginnen kamen nicht mit. Und da begann mein Abenteuer, allein. In einem schmalen Langboot, bemannt mit drei Indios, ging es einen Tag lang flussabwärts. Oft stiegen wir aus und schleppten das Boot ein Stück durch den Mangrovenurwald, um Flussschlingen abzuschneiden.

Die Siedlung bestand aus einigen Pfahlbauten mit Schilfdächern. Unter den hochliegenden Fußböden tummelten sich

Hühner und Schweine. Und die Häuser hatten keine Wände. Keine Wände? Wo blieb da das Privatleben, die Intimsphäre? Als Kriegskind, in einem Flüchtlingslager aufgewachsen, entsann ich mich der qualvollen Enge, des hoffnungslosen Kampfes um ein bisschen Eigenleben. Und die Chipibos lebten freiwillig so? Von klein auf lernt jeder: "Was in anderen Häusern vorgeht, sehe ich nicht, höre ich nicht!" Erziehung und Selbstdisziplin ersetzen Wände und Vorhänge. Alle Achtung!

Natürlich waren die Kinder neugierig, untersuchten mich und mein Gepäck, bis es mir doch recht ungemütlich wurde. Das merkten sie und verschwanden still: "Jetzt bist du müde. Wir gehen!" Diskretion hatten sie gelernt. Auch Feingefühl? Erstaunlich! Eine Gruppe von 8-12jährigen begleitete - und beschütze? - mich ständig, beim Schwimmen in der Lagune und zeigte mir ihre Tricks. Wenn man an bestimmten Stellen der Uferböschung buddelte, konnte man ganze Hände voll einer leckeren Überraschung finden! Fischeier! Frisch geerntet!

Leider konnte ich mit den Frauen nicht reden. Sie sprachen kein Spanisch wie die Männer, die es beim Militärdienst, dem sie sich gern entzogen, gelernt hatten. Eines Tages verschwanden alle Männer, denn Soldaten zur Zwangsrekrutierung waren in Sicht. Ich hatte den Auftrag, sie abzulenken und wegzuschicken. 1963 gab es in Deutschland zwar schon die D-Mark, das Wirtschaftswunder war aber noch nicht ausgebrochen. Dafür hatte uns die Perlon-Ära heimgesucht. Perlon war billig, pflegeleicht und einfaches Gepäck für den Urwald. So erlebten die peruanischen Militärs, dass ihnen aus dem dunklen Mangrovenurwald eine weiße Frau in einer hellen Perlonwolke mit raschelnden Petticoats entgegentrat. Viel Auskunft über den Verbleib der Männer hatte ich nicht zu geben, die Gruppe verzog sich hastig. Auftrag erfüllt!

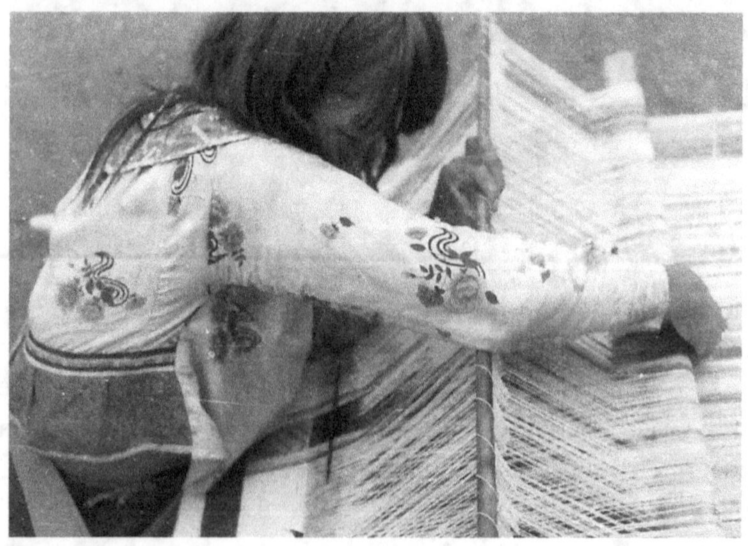

Die Frauen beschäftigten sich einen Großteil des Tages mit Arbeiten, die wir Kunsthandwerk nennen würden. Aber es waren Dinge des täglichen Gebrauches, gut geformt und gestaltet. Schönheit auch im Alltag war unverzichtbar. Selbstgewebte Stoffe und Tonwaren wurden mit Rindenfarbe gefärbt und bemalt, in ihren traditionellen Mustern, die überall erkannt wurden und wie ein "Personalausweis" dieser Gruppe wirkten. Die ohne Töpferscheibe sehr dünn gearbeiteten Gefäße wurden nicht gebrannt, sondern nach dem Trocknen und Bemalen mit Baumharzen überzogen. So imprägnierten sie ihren "Lederton".

Und welch schönen Perlenschmuck gestalteten sie mit Händen und Füßen! Krabbelte mal ein Kind durch die Schalen mit den winzigen Perlen und verstreute alles im Sand, dann wurde nicht bestraft, das Kind ruhig ein Stück weiter gesetzt und die Perlen mühsam, geduldig wieder eingesammelt. Nie habe ich Schimpfen oder Strafen erlebt und doch wurden Regeln eingehalten.

Die Männer ließen mich an ihrer Arbeit teilnehmen, sie nahmen mich mit auf "Großfischjagd". Mit Harpunen erlegten sie den 1.5 m-langen "Paiche", eine Riesenwelsart. Ein Großteil des Fischfleisches wurde eingesalzen, ein begehrter Handelsartikel. Der schnell zubereitete Rest war schmackhaft, wie Hühnerfleisch.

In kleinen Kanus fuhren wir in der Morgendämmerung hinaus auf die Mitte der Lagune, verhielten uns ganz ruhig und lauschten. Plötzlich ein rollendes, brummendes Geräusch unter uns, ein Schwarm einer bestimmten Fischart unterquerte uns. Leise erhob sich der Indio im Boot, entfaltete den großen Kreis eines an den Rändern mit Steinen beschwerten Tellernetzes und ließ es auf das Wasser herabsinken, wo es sich langsam zu einer Glocke, am Grund zu einer Kugel formte und den Fischschwarm einschloss. Fischen nach Gehör brachte eine gute Ausbeute und mir schöne Bilder: Indios, fischend auf der blauen Lagune bei aufgehender Sonne, ein Farbenspektakel.

Nach drei Wochen kehrte ich nach Pucalpa zurück. Flussaufwärts in einem Motorboot dauerte die Fahrt drei Tage und Nächte unter einem Sternenhimmel, an dem die Sterne mir größer erschienen als auf dem Altiplano, nachts, am Titicaca-See. An den Flussufern begleiteten uns in sicherer Entfernung aufblitzende Lichtpunkte, die Augen der Kaimane. Ansonsten waren mir auf der Urwaldreise keine gefährlichen Tiere begegnet, klugerweise hatten sie sich vor meinen geräuschvollen Schritten in Sicherheit gebracht. Das einzig negative Andenken waren unzählig viele Mückenstiche.

5. „Motorin gut!"
Klaus Künzel

Harry und Nasim beim Radwechsel; ich daneben

Drückende Hitze lastet in den staubigen Gassen. Zwischen den Lehmmauern der niedrigen Häuser kommt der heiße Wüstenatem zum Erliegen. Eine Katze schleicht um Melonenreste im Sand, fernab schreit ein Esel. Selbst die allgegenwärtigen Kinderhorden mit ihren bettelnden Hello-Mister-Rufen haben sich verzogen. Was für ein Schwachsinn, hier in diesem Kaff den Nachmittag vertrödeln zu müssen. Aber Harry hat es so verfügt. Er will mit Nasim noch einen Blick auf die Baustelle werfen und uns nachher hier abholen. So durchstreife ich mit Wolfgang die Straßen von Torbat-e-Jam, wir setzen uns in eine Teestube und schlürfen wie hier üblich den heißen Tee von der Untertasse. Nebenan in der Bäckerei wird der Teig von innen an die Wand des Ofens geklatscht, das knusprige Fladenbrot schmeckt herrlich. Längst könnten wir schon in Afghanistan sein, bis zur Grenze sind es nur achtzig Kilometer.

Ich stehe in landestypischer Tracht in Kandahar (Afghanistan)

Inzwischen bereuen wir es, zu Harry umgestiegen zu sein. War der ausgemusterte Reisebus mit deutscher Zollnummer, der von Hamburg nach Kabul überführt werden sollte und dessen freundlicher afghanischer Fahrer uns schon in Istanbul aufgegabelt hatte, nicht doch die bessere Wahl gewesen, trotz chronischen Getriebeschadens und 27 Stunden Wartezeit an der iranischen Grenze? Waren wir damit nicht viel besser dran gewesen als zahllose andere europäische Orientfahrer, denen wir unterwegs begegneten? Aber dann hatten wir in Teheran Harry getroffen, den Würzburger Metzgermeister mit seinem alten Mercedes, der es mit seinem türkischen Gehilfen Nasim in drei Tagen bis Indien schaffen wollte. Ohne Reifenprofil (was sechs Reifenpannen nach sich zog). Ohne Kenntnis von Land und Leuten (die hatte er aus Karl-May-Romanen). Ohne Benehmen (in kurzer Hose zu den Umstehenden: „Was, ihr Fanatiker, da staunt ihr!"; zur verschleierten Alten: „Na, alte Hexe?"). Wie naiv waren wir gewesen, uns darauf einzulassen. Jetzt sind die drei Tage um, und wir sind noch immer im Iran. Und jetzt auch noch ohne Diesel. Die zwei großen Kanister in Harrys Kofferraum müssen aufgefüllt werden. Schon seit längerem hatte der Anblick großer Baustellen Harrys Begehrlichkeit geweckt. „Nasim, Motorin! Gut?" Nasim, mit kundigem Blick: „Motorin nix gut." Das hatte sich ein paarmal wiederholt. Bis vorhin. Den großen Fuhrpark einer gigantischen Straßenbaustelle vor Augen, gab Nasim endlich grünes Licht: „Motorin gut."

Mitternacht ist vorbei. Ohne Scheinwerfer steht der Mercedes am Rand der Baustelle. Harry hat uns auf dem Rücksitz unter einer Decke versteckt. Was sich jetzt abspielt, können wir nur hören. Das Öffnen des Kofferraums. Die Schritte der beiden, die sich mit den Kanistern langsam vom Auto entfernen. Dann ist alles still. Ich stelle mir vor, wie der Tankdeckel der Dampfwalze aufgedreht wird. Schlauch hinein, angesaugt, und der Treibstoff läuft lautlos in den Kanister. Jede Minute lässt meine Angst wachsen. Ich spüre kalten Schweiß auf der Stirn. Mitgegangen, mitgefangen. Iranische Gefängnisse haben keinen guten Ruf. Plötzlich, nach einer Ewigkeit, im Kofferraum: Wumm! Der Deckel klappt zu, Nasim und Harry steigen ein, das Auto springt an (ja, zum Glück! Wir hatten es zuvor noch anschieben müssen) und jagt auf die Straße. Harry schaltet die Scheinwerfer ein. Langsam löst sich die Spannung. „Mist, nur ein Kanister", sagt Harry. „Fast hätten wir den Wächter geweckt. Aber stellt euch vor, wie der Chef den fertigmacht, wenn der das nachher merkt!" Und er lacht schallend. Jetzt bloß keine Reifenpanne. Nach achtzig Kilometern beendet ein Schlagbaum unsere Fahrt. Die iranische Grenzstation öffnet erst am Morgen. Wir versuchen ein wenig zu schlafen. Die Kontrolle verläuft reibungslos, wir sind nicht zur Fahndung ausgeschrieben. Dann, endlich: Afghanistan. Wir sind in Sicherheit.

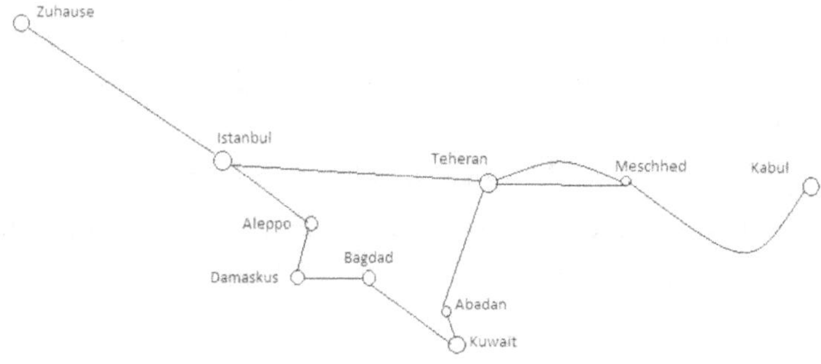

Viele, die um 1970 im Strom der Hippies, Globetrotter und Sinnsucher in den Orient fuhren, werden ähnliche Geschichten erzählen können. Uns führte diese Fahrt nach Kabul, wo wir im Haus eines Verwandten, der als Entwicklungshelfer arbeitete, wohnen konnten. Hatten wir die Hinreise ausschließlich per Anhalter zurückgelegt, so gestaltete sich die Rückfahrt als Kaleidoskop verschiedenster öffentlicher Verkehrsmittel: ein klappriger afghanischer Überlandbus, in dem die Haschpfeife kreiste; dann iranische Eisenbahnzüge (mit original deutschen Schnellzugwagen) erst nach Teheran und dann hinab in die mesopotamische Tiefebene; ein mit Gemüsekisten vollbeladener Kahn, der von Abadan in den Persischen Golf nach Kuwait schipperte; ein Linientaxi nach Basra und von dort ein moderner Großraumwagen mit Liegesitzen (laute militärische Propaganda verhinderte das Einschlafen) nach Bagdad; ein hochbeiniger Wüstenbus nach Damaskus; ein syrischer Überlandbus nach Aleppo, für mich damals eine der schönsten Städte des ganzen Orients; Kleinbusse in die Türkei und dort ein moderner türkischer Reisebus bis Istanbul; schließlich der Fernzug nach Deutschland. Dieser Vielfalt entspricht die Vielfalt der bereisten Länder, ihrer Städte, der persönlichen Begegnungen – anders gesagt: der so unterschiedlichen Fassetten des islamischen Kulturkreises. Eine Reise, die so heute nicht mehr möglich wäre, nicht nur wegen der gewaltigen politischen Veränderungen in diesen Ländern. Umso wertvoller ist die damals gewonnene Erfahrung. Und davon ist mir mehr geblieben als die knappen Mitbringsel in meinem Rucksack: ein kleiner persischer Teppich und der reich mit Ornamenten gravierte afghanische Becher.

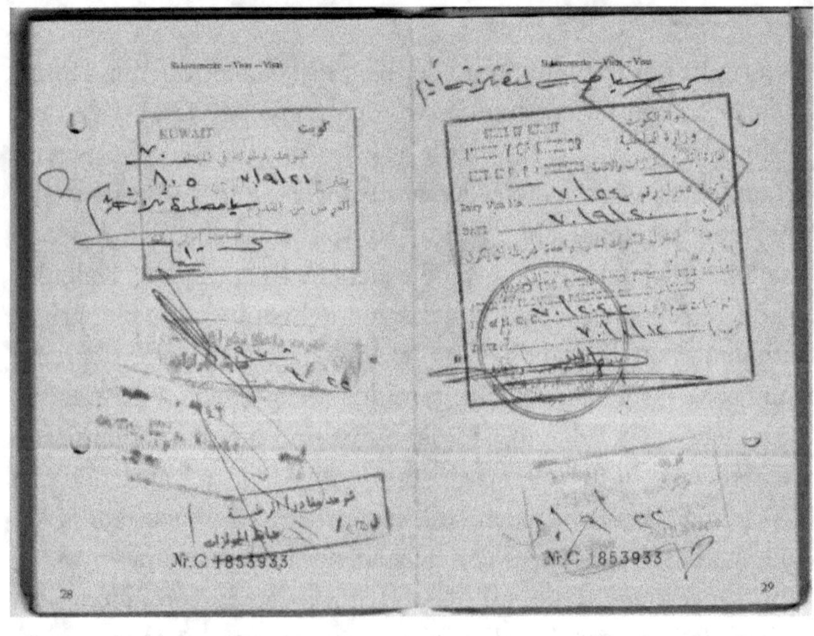

In der Zitadelle von Aleppo

6. Mit dem Bulli nach Indien
Kirsten Böttcher

Es war das Jahr der Schneekatastrophe, als mein Freund Matten und ich am 1. Januar 1979 in Wedel/Holstein aufbrachen, um über Land nach Indien zu reisen. Ein paar Monate zuvor hatten wir für wenig Geld zwei alte VW-Busse gekauft, aus denen wir einen fahrtüchtigen Bulli zusammenbauten. Was darüber hinaus funktionsfähig war, kam als Ersatzteil mit: Motor, Getriebe, viele Einzelteile, insgesamt elf Reservereifen. Das Interieur unseres Bullis war Marke Eigenbau und ziemlich primitiv, erlaubte uns aber, an jedem Straßenrand, in jeder Einöde zu übernachten und zu kochen.

Als wir starteten, lag Deutschland unter Schnee, und so fuhren wir bis nach Österreich hinter Räumfahrzeugen her. Es ging weiter über den Autoput durch Jugoslawien nach Griechenland. In Thessaloniki feierten wir meinen 19. Geburtstag, bevor wir über die türkische Grenze nach Istanbul gelangten, wo wir ein paar Tage vor der Blauen Moschee kampierten. In der Nähe befand sich der Pudding Shop, in dem sich Leute in bunten Klamotten trafen, die wie wir auf der Durchreise waren - auf dem Hippie Trail.

Vielleicht erfuhren wir hier davon, dass die türkisch-iranische Grenze nach der Einreise Ajatollah Chomeinis geschlossen worden war. Jedenfalls änderten wir unsere Reiseroute und begaben uns über Izmit, Izmir, Antalya in den Süden der Türkei, der damals touristisch noch vollkommen unerschlossen war: kein Hochhaus, kein Hotel - es gab nur Strand und Mittelmeer. Wir besuchten Pamukkale und badeten in den Kalksinterterrassen.

Heute ist das eine Touristenattraktion, die auf der Liste des Welt-
kulturerbes der UNESCO steht. Damals hatten wir sie ganz für
uns.

Etwa drei Monate verbrachten wir in und um Anamur und war-
teten darauf, dass die Grenze zum Iran sich öffnet. Wir lernten
Harun kennen, einen jungen Lehrer, der in Deutschland studiert
hatte und unsere Sprache perfekt beherrschte. Harun stammte
aus einer wohlhabenden Familie, die sich an unterschiedlichen
Orten der Südküste niedergelassen hatte und mit der er uns nach
und nach bekannt machte. Einmal durfte ich ihn in die Schule in
seinen Unterricht begleiten. Nebenher betrieb Harun in Anamur
ein Geschäft mit Farben und Tapeten – ein Novum. Gegen die
einsetzende Langeweile half Matten dort ein bisschen aus. Die
Begeisterung für die Tapete ging in einem Fall so weit, dass sich
ein Autobesitzer sein Fahrzeug von innen damit auskleiden lassen wollte. Die wunderschöne Küstenstraße war im Frühjahr
1979 übrigens Trainingsstrecke für die deutsche Nationalmann-
schaft der Radrennfahrer. Einer legte an unserem Bulli eine
kleine Pause ein, bejammerte sein wundes Hinterteil und ließ
sich mit einem Kaffee von uns trösten, bevor er weiterradelte.
Mehrfach besuchten wir das in der Nähe gelegene antike
Anamurium mit Gräbern aus dem 1. bis 4. Jahrhundert, einige
ausgestattet mit Wandmalereien und Mosaiken. Auch hier waren
wir die einzigen Touristen.

Irgendwann ging es dann weiter auf unserem Weg nach Indien:
über Mersin und Adana, am riesigen Van-See vorbei in den Iran,
über Ghom und Isfahan Richtung Süden nach Pakistan. Tage-
lang fuhren wir durch Wüste, an der pakistanischen Grenze erlebten wir einen Sandsturm, holprige Pisten machten das Fahren

manchmal zur Herausforderung. Durch den verlängerten Aufenthalt in der Türkei reisten wir mitten hinein in klimatische Verhältnisse, die wir nicht gewohnt waren. 40 Grad im Schatten – schon die Bewegung des kleinen Fingers mündete in einen Schweißausbruch. In den kurzzeitigen Genuss von Klimaanlagen kamen wir nur, wenn wir in großen Banken unsere Traveller Cheques gegen Landeswährung tauschten. Nachts träumte ich von kalten Duschen und Schwarzbrot. Es war in Pakistan, wo wir uns nach einem schweren Unfall an unserer Strecke als Ersthelfer beweisen mussten. Ein vollbesetzter Überlandbus war mit einem Truck zusammengestoßen. Mit unserer bescheidenen Notfall-Ausrüstung versuchten wir, Menschen unter Schock mit schwersten Verletzungen wie blutenden Kopfwunden und offenen Brüchen notdürftig zu versorgen. Solange wir dort waren, kam keine Ambulanz. Wir stoppten einheimische Reisende, um sie zur Mithilfe zu bewegen - ohne Erfolg. Als wir unsere letzte Mullbinde verbraucht hatten, entfernten auch wir uns vom Unfallort. Noch heute befallen mich Schuldgefühle, wenn ich an die zurückgelassenen Verletzten denke.

Über Lahore erreichten wir schließlich Amritsar in Indien. Wir waren durch die Hitze derart gestresst, dass wir uns entschlossen, erst mal gen Norden in den Himalaya zu fahren, um uns auf 2000 Meter Höhe im Gebirgsort Dalhousie in Himachal Pradesh von den Strapazen zu erholen. Wir spielten Schach, aßen English Cake zu saftigen Mangofrüchten. In einem Lokal genossen wir für wenige Rupien immer wieder Vegetable Fried Rice und Fruit Juice. Gebirgsketten bis zum Horizont, ein überwältigender Eindruck von Unendlichkeit - umgeben waren wir von einer Landschaft wie im Traum, die uns schließlich zu einer Bergwandertour in Badelatschen und mit selbst genähten Rucksäcken verführte. Unsere Exkursion endete nach einem Tag mit einer unglaublich schmerzhaften Leistenzerrung in einem seit Längerem von der Versorgung abgeschnittenen winzigen Dorf. Als unsere Lebensmittelvorräte nach drei Tagen zu Ende gingen, traten wir den Rückweg an, diesmal in Begleitung eines Ponys, das unser Gepäck trug.

Wir waren in Indien angekommen, aber unser eigentliches Reiseziel Goa erreichten wir nicht. Und auch das Taj Mahal in Agra und den Goldenen Tempel in Amritsar kenne ich bis heute nur von Bildern. Ein Achsbruch durchkreuzte unsere weiteren Reisepläne. Die Vorderachse war wohl das einzige Teil, das wir nicht in Reserve mitführten. Und die nächste VW-Werkstatt befand sich in Delhi - 500 km und 2000 Höhenmeter entfernt. Wir verbauten Weicheisenstäbe in die Achse und riskierten mit dieser improvisierten Konstruktion bei Tempo 30 die Abfahrt nach Delhi, um eine Originalachse zu bestellen. Matten wurde dort so krank, dass er weder in der Lage war, Auto zu fahren, noch konnten wir die neue Achse einbauen. Und so brachte ich uns aus der Hitze zurück in den Himalaya, diesmal nach Nainital. Erst hier reparierten wir den Bulli und bereiteten die Heimreise vor.

Am Fuß des Gebirges ging es langsam wieder in Richtung Pakistan. In Haridwar verbrachten wir eine Nacht am Ganges. Auf unserem Weg begegneten uns bunte Papageien, Geier, Schlangen, ein Elefant brachte unseren Bulli fast zum Umkippen. In Rawalpindi/Islamabad machten wir Station, über den berühmten Khyber-Pass gelangten wir schließlich nach Afghanistan - mitten in den Bürgerkrieg. Militär auf den Straßen, Kontrollen, Ausgangssperren: Den Campingplatz in Kabul durften wir nachts nicht verlassen. Auf der Südroute ging es durch grandiose Landschaft über Kandahar und Herat in den Iran. Ich erinnere mich an ein kurzes Bad im Kaspischen Meer, das nur an einigen Stellen öffentlich zugänglich war. Über die türkische Grenze und diesmal auf nördlicher Route erreichten wir über Ankara Istanbul und schließlich Griechenland, in dessen Süden wir uns noch ein bisschen Badeurlaub gönnten. An der albanischen Grenze entlang ging es an die jugoslawische Mittelmeerküste und über Österreich zurück nach Deutschland.

Nach neun Monaten sahen wir Wedel wieder. Meine Mutter empfing uns mit Matjes nach Hausfrauenart. Kontakt nach Hause gab es während der Reise übrigens nur über Briefe, die unsere Eltern und Geschwister an die Postämter der großen Städte an unserer Reiseroute schickten.

7. In die Volksrepublik China (1979)

Inge Wolgast

Ni hao! (Guten Tag)

Schon während meiner Schulzeit las ich mit großem Interesse Berichte über China und Tibet. Als mir im Jahre 1979 durch einen dänischen Reiseveranstalter die Teilnahme an einer Gruppenreise in die Volksrepublik China angeboten wurde, konnte ich mich sehr schnell entschließen daran teilzunehmen. Allerdings musste ich mich erst über einige Bedenken hinwegsetzen. Täglich konnte man in den großen Zeitungen Berichte über Grenzstreitigkeiten im Norden zwischen China und der UdSSR lesen.

In China war nach einem Besuch von Präsident Nixon eine Beruhigung der Beziehung mit den USA eingetreten. Das riesige Land war dabei, die Folgen der Kulturrevolution (angestrebt durch Mao Tse-tung) zu überwinden. Dieser Teil der Welt war uns allen fremd geworden und ich war sehr neugierig. Was wir zu sehen bekamen, war aufregend und anders als alles, was wir kannten in Europa, wie z.B. die Erscheinung der Menschen. Es gab nur blau oder olivgrün gekleidete Erwachsene. Aus blauem Stoff war die Kleidung der Zivilisten. Das Militär trug olivgrüne schlichte Anzüge.

Auffallend waren die bunt gekleideten Kinder. Wie ich später erfuhr, gab es bunte Baumwollstoffe für die Kinder nur auf Bezugsschein. Auch die glatten, dunklen Haare waren einfach geschnitten ohne „Frisuren". So blieb es auch nicht aus, dass unsere Reisegruppe mit den farbig gekleideten Menschen und besonders die Frauen mit dem 1979 hochmodernen Afro-Look überall, wo wir auftauchten, sehr bestaunt wurden. Dadurch wurden wir für die chinesischen Besucher der Verbotenen Stadt der Hingucker und „stahlen den Tempeln der Verbotenen Stadt die Schau".

Das Straßenbild war das einer grauen Großstadt ohne Beleuchtungen oder irgendwelche Reklameschilder für Geschäfte oder Produkte. Diese Stadtansichten hatten keine Ähnlichkeit mit der Erscheinung der heutigen riesigen chinesischen Metropolen. Eines Abends fuhr ich mit dem Fremdenführer, der uns auf der ganzen Reise begleitete, in einem Taxi zum Bahnhof, um etwas abzuholen, was ich im Zug liegen gelassen hatte. Wir fuhren in völliger Dunkelheit durch das abendliche Peking. Auf der gleichen Strecke waren hunderte Radfahrer ohne Beleuchtung unterwegs. Alles lief reibungslos. Die Erklärung meines Begleiters machte mich sprachlos. Er meinte, Autoscheinwerfer würden die Radfahrer blenden. Das könnte man ihnen nicht zumuten.

Im Jahr 2019 schauen wir auf China und dessen innovative Flughäfen, Hochgeschwindigkeitszüge und Stadtbahnen ohne Schienen. Welch eine Entwicklung!

Das Aufregendste, was ich in Peking zu sehen bekam, war seine „Unterwelt". Bei der Ankunft durften wir alle einen Wunsch äußern, was wir aus persönlichem Interesse gerne sehen wollten. Mir fiel ein, in einer Tageszeitung einen Bericht gelesen zu haben, der von Schutzräumen unter der Stadt handelte. Ich bat darum, diese Unterwelt kennenlernen zu dürfen. Eigentlich glaubte ich nicht daran, dass dieser Wunsch erfüllt werden würde. Dann aber, zu meiner großen Überraschung, wurde in einem Kaufhaus eine Bodenklappe geöffnet und wir stiegen über eine lange Treppe in den Untergrund von Peking hinab. Wir gingen durch endlose, grau verputzte Gänge. Alles war gut beleuchtet. Teilweise waren an den Seiten kleine Höhlen, die die Möglichkeit zum Ausweichen boten. Oder wir gingen durch Räume, groß wie Säle, mit gemauerten Tischen und Bänken. Es gab auch Schlafplätze. Ich hatte kein Zeitgefühl mehr dafür, wie lange wir unterwegs waren. Aber plötzlich wurde vor uns eine Tür geöffnet und wir gelangten über eine Treppe ins Freie. Der Ausstieg war auf dem Spielplatz eines Kindergartens. Natürlich war es auf diesem Wege auch möglich die Kinder, falls nötig, in Sicherheit zu bringen. Auf diese Weise wollte der chinesische Staat seine Bürger im Falle eines Angriffs schützen. Diese Stunden waren wirklich unvergesslich!

Natürlich war ich auf diese Reise gegangen, weil ich mich für die schönen Bauwerke, Kulturdenkmäler und die alte Kultur interessierte. Die Verbotene Stadt mit den leuchtend roten Gebäuden, den weißen Marmorsäulen und Marmorplatten mit Abbildungen des Phönix, über die nur der Kaiser in einer Sänfte getragen werden durfte, war wirklich wunderschön und sehr harmonisch. Die dekorativen Dachreiterfiguren an den Häusern und Tempeln haben mich sehr begeistert.

Einen weiteren Höhepunkt unserer Reise bildete neben der Großen Mauer ein Besuch in der Stadt Xi'an. Die alte Kaiserstadt bildet den östlichen Endpunkt der berühmten Seidenstraße. Wir hatten im Mai 1979 die Gelegenheit vor der offiziellen Öffnung der Grabung im Oktober desselben Jahres die weltberühmte Terrakotta-Armee zu sehen. Heute ist über diese Kunstwerke alles in der ganzen Welt bekannt, aber damals war es noch absolut unbekannt und somit ein beeindruckendes Erlebnis.

Als Abschluss möchte ich gerne noch kurz auf die Küche, wie wir sie kennenlernten, eingehen. Da das Land riesige Ausmaße hat, ist das Essen sehr vielfältig. Weil der Tourismus noch nicht so weit entwickelt war, bekamen wir noch originale Gerichte. Nichts ähnelte dem Angebot eines heutigen China-Restaurants bei uns. Auf dem runden Tisch wurden alle Speisen gleichzeitig angerichtet. Jeder bediente sich von dem, was ihm gefiel. So trauten wir uns dann auch an fremde Speisen wie z.B. Seegurke oder Schlangensuppe. Natürlich waren aber auch die Peking-Ente und das bekannte Schweinefleisch süß-sauer hervorragend.

In meinen Reiseunterlagen befindet sich noch eine Speisekarte aus Xi'an vom 23.Mai 1979. Einen unvergesslichen Abschluss bildete bei jeder unserer Mahlzeiten der seltsam schmeckende Maotai, ein chinesischer Hirseschnaps!

Ganbei! (Prost)

菜单

扇面拼盐
四围碟
鸡米海参
香酥全鸭
酿口磨
奶汁凤尾
海米菜心
冰糖银耳
糖醋松鼠鱼
金银里肌丝
菊花干贝汤

糖油酥 西安五素 [illegible]
银丝卷　芝麻 [illegible]

Sian 23.5 1979

1) Zusammengestellte kalte Platte in Form eines Fächers (Eier und seltenes Fleisch)
2) Vier Teller Gemüse
3) Seegurke mit klein geschnittenem Hühnchen
4) knusprig gebratene Ente
5) gefüllte Pilze (braised)
6) China - Lattich mit Milch
7) Krabben mit weichem Kohl
8) Weißer Tunfisch mit Kandiszucker Suppe
9) süß-saurer Fisch (in squirrel shape)
10) Seemuschelsuppe mit Chrysanthemen
11) Pfannkuchen mit Zucker und Öl
12) Gemüseravioli
13) Silberfadenrollen
14) Pfannküchlein mit (Sesambelag)

8. Durch Russland, Lettland und Estland (1990)
Elfriede Sievers

Im Herbst 1990 bot die Arbeiterwohlfahrt im Kreis Plön eine Reise nach Moskau, Vilnius, Riga, Tallin und St. Petersburg (damals noch Leningrad) an. Kurz vor Antritt der Reise wurde der Besuch in Litauen wegen der dort aufgetretenen Unruhen im Zuge der Unabhängigkeitsbestrebungen der baltischen Staaten von der Sowjetunion und der unklaren Versorgungslage in Vilnius aus dem Programm gestrichen. Dafür wurden unsere Aufenthalte in Moskau und Riga verlängert.

Zur Vorbereitung besuchten mehrere von uns bei der Volkshochschule Preetz einen Kurs „Russisch für Touristen", so dass wir zumindest die kyrillischen Buchstaben entziffern konnten und ein paar Redewendungen beherrschten.

Am 06.10.1990 fuhren wir mit einer gut 30-köpfigen Reisegruppe der AWO, überwiegend aus dem Kreis Plön stammend, per Bus nach Hamburg, flogen nach Frankfurt am Main und von dort nach Moskau. Auf dem Moskauer Flugplatz empfing uns unsere Reiseleiterin Nadja, die bis zum Ende der Reise in St. Petersburg an unserer Seite blieb. In jeder besuchten Stadt kam noch eine ortskundige Reiseführerin dazu. Zu jener Zeit erhielten wir keine Prospekte oder Stadtpläne, es war alles noch recht geheim.

In Moskau wurden wir in einem Hotel-Hochhaus am Olympischen Dorf in Doppelzimmern untergebracht. Es gab dort siebzehn Fahrstühle, von denen nur drei funktionierten. Das Essen nahmen wir in einer riesigen Halle ein. Es gab jeden Tag

Kohlsuppe, mal mit, mal ohne Fleisch. Wir besuchten den Roten Platz mit Basilius-Kathedrale, das Lenin-Mausoleum, den Kreml, eine Ausstellung der Errungenschaften der Sowjetunion (vorwiegend auf dem Gebiet der Raumfahrt), besichtigten viele verschiedene künstlerisch gestaltete U-Bahn-Stationen, das Kaufhaus Gum, kauften in der Fußgängerzone Arbat Matrjosch-kas, nahmen an einem Folklore-Abend mit Musikern und Tän-zern teil, sahen im Bolschoi-Theater eine koreanische Oper (mit englischen Untertiteln) und besuchten den Nowodewitschi-Pro-minenten-Friedhof.

Am 10.10. nach dem Abendessen im Hotel reisten wir per Zug weiter nach Riga in Lettland. Wir hatten Abteile für jeweils vier Personen, in denen man sowohl sitzen als auch schlafen konnte (zwei Klappbetten oben). Während der Fahrt konnte man jeder-zeit Tee bekommen.

In Riga wurde uns eine lettische Reiseführerin beigeordnet, die sich sehr feindselig gegenüber unserer die Sowjetunion reprä-sentierenden Reiseleiterin (die allerdings aus dem ukrainischen Kiew kam) verhielt. Untergebracht waren wir im heutigen „Bel-levue Park Hotel Riga" auf der Südseite der Daugava am Rande eines Parks. Wir besuchten ein Orgelkonzert im Dom, die zum Teil schon gut restaurierte Altstadt, genossen den Ausblick von einem Hochhaus (Hotel Latvija) in der Nähe des Freiheitsdenk-mals über die gesamte Stadt, konnten im Rigaer Zentralmarkt einkaufen, fuhren zur Konzentrationslager-Gedenkstätte Sa-laspils, an die Ostsee zum Seebad Jurmala, zum Lettischen Eth-nografischen Freilichtmuseum am Juglas-See und dem Rigaer Motormuseum, besichtigten ein Sanatorium und wurden auch wieder zu einer Folklore-Veranstaltung mit Musik und Tanz eingeladen. Wir hatten aber auch viel Freizeit und konnten zum Beispiel auf eigene Faust mit der Straßenbahn oder zu Fuß die Stadt erkunden.

In der Nacht vom 14. auf den 15.10. verließen wir Lettland und fuhren mit dem Zug in die estnische Hauptstadt Tallin. Im Hotel dort machte sich die angespannte Versorgungslage in dem um seine Unabhängigkeit von der Sowjetunion kämpfenden Estland bemerkbar. Wir bekamen zum Frühstück und Abendessen zum Beispiel nur wenige abgezählte Brotscheiben. Allerdings gab es in der Altstadt bereits mehrere nette Cafés, in denen wir für unsere Verhältnisse spottbillig unseren Hunger stillen konnten (Kuchen und Getränke für vier Personen kosteten umgerechnet 1 DM!).

Bei der Stadtführung besuchten wir die Altstadt mit Rathausmarkt und Rathaus, die zum Teil gut erhaltene Stadtmauer, den Domberg mit Alexander-Newski-Kathedrale, das estnische Parlament, den Wehrturm „Kiek in de Kök", das Russalka-Denkmal, den Hafen und die 15.000 Sänger fassende Liedermuschel, wo die berühmten estnischen Sängerfeste stattfinden. Außerdem hatten wir in einem Gebäude am Rathausplatz ein Treffen mit estnischen Politikern, die uns ihre Vorstellungen von der Selbständigkeit Estlands darlegten, und besuchten eine Tanz- und Malschule für Kinder in der Altstadt.

In der Nacht vom 18. zum 19.10. fuhren wir per Zug nach Leningrad. Nachdem wir die vorherigen Nachtfahrten recht gut überstanden hatten, war diese eine Tortur, denn die Fenster der Abteile waren für den russischen Winter bereits fest verschraubt, der Zug wurde aber besonders stark beheizt. Am Morgen traf

man viele Mitreisende nur mit Unterwäsche bekleidet auf dem
Gang an, in der Hoffnung, etwas Luft schnappen zu können.

In St. Petersburg besuchten wir die Isaaks-Kathedrale, die
Rostra-Säulen am Börsenplatz, die Peter-und-Paul-Festung und
-Kathedrale, den Panzerkreuzer Aurora, das Smolny-Kloster,
die Auferstehungskirche, die Kasaner Kathedrale am Newski-
Prospekt und das Denkmal Zar Peters des Großen und bekamen
eine Führung in der Eremitage. Wir gingen auch über die Bank-
Brücke, eine kleine Fußgängerbrücke über einen Kanal, und be-
rührten die goldenen Flügel der Löwen, die die Brücke tragen.
Uns wurde gesagt, dass man nach der Berührung nie wieder
Geldsorgen haben solle. Ob das bei allen geklappt hat, kann ich
nicht sagen... Außerdem waren wir mit der U-Bahn unterwegs,
deren Stationen aber nicht so prunkvoll waren wie in Moskau.
Die Peter-und-Paul-Festung besuchten wir am Abreisetag noch
einmal auf eigene Faust, um den Signalschuss der Kanone mit-
tags um zwölf mitzuerleben. Schließlich kauften wir einen Samowar, um die restlichen Rubel loszuwerden, die nicht ausge-
führt werden durften.

Die Abende in den Hotels verbrachten wir meistens in großer
Runde, wobei viel Wodka floss, den man über die Etagenfrau
oder die Kellner erwerben konnte.

Am 20.10. wurden wir nachmittags zum Flughafen gefahren und
flogen über Frankfurt/Main und Hamburg zurück nach Hause,
wo wir um 0:50 Uhr eintrafen. Durch die zweistündige Zeitver-
schiebung war es für uns gefühlt eigentlich schon 2:50 Uhr.

1991 luden wir unsere Reiseführerin Nadja für drei Monate zu uns ein, woraus sich eine längere Freundschaft entwickelte. Sie wohnte in Kiew und teilte sich ein Telefon mit ihrer Nachbarin. Es knackte immer in der Leitung, weil die Auslandsgespräche abgehört wurden. Unsere Einladung, mit einem Touristenvisum nach Deutschland zu kommen, hat sie gern angenommen. Wir haben sie in Hannover abgeholt und zurück ging es von Berlin mit dem Zug über Brest nach Kiew.

Wir mussten unterschreiben, dass sie dem deutschen Staat nicht zur Last fällt. Also wurden Unterkunft, Verpflegung und eine Krankenversicherung organisiert und aus der Kleiderkammer in Laboe etwas zum Anziehen besorgt. In den folgenden drei Monaten besuchte sie alle Teilnehmer. Später schickten wir ihr noch eine neue Ausgabe des Dudens und konnten ihr sogar Geld überweisen, um Medikamente für ihre krebskranke Schwester zu erwerben.

9. Bei den Mbya in Paraguay
Gotelind Frede

Ende der 80er Jahre erhielten wir an der Theodor-Heuss-Realschule in Preetz einen neuen Kollegen. Mir fiel sein fremdartiger Akzent auf, so dass ich ihn fragte, woher er denn komme. Ich erfuhr, dass er aus einer Mennonitenfamilie in Paraguay stammte. Sein Schwiegervater Abram Löwen unterstützte dort ein Schulprojekt für Indianerkinder aus dem Stamm der Mbya. Sie kämpften, wie viele Indianer Südamerikas, um ihre Existenz und wollten durch die Einführung von Schulbildung einen Wandel herbeiführen, um zu überleben. Zwar bestehe in Paraguay Schulpflicht, doch habe der Staat kein Geld für Schulbauten.

Wir beschlossen, zusammen mit dem Preetzer Weltladen, an diesem Projekt mitzuwirken durch unterschiedliche Aktionen (Projekttage an der Schule, Basare, Flohmärkte, Verkauf von indigenen Handwerksarbeiten, Sammeln von Spenden usw.) und konnten so das Bauholz für die erste Schule finanzieren. Drei weitere Indianersippen haben sich dann ebenfalls um Schulen bemüht und uns um Hilfe gebeten. Mit großem Eifer fingen sie selbst mit Vorbereitungsarbeiten an, so dass zum Schluss vier Schulen gebaut wurden.

Eines Morgens 1994 klingelte bei mir um fünf Uhr das Telefon und unser Partner, Herr Abram Löwen, teilte mir mit, die vierte Schule werde in zwei Wochen eingeweiht, und sogar der Minister werde dazu aus der Hauptstadt kommen. Ich müsse unbedingt anwesend sein. Sie solle „Escuela Theodor Heuss de San Juan" heißen. Welche Ehre! Doch mitten im Schuljahr konnte ich nicht verreisen, erst in den Sommerferien war das möglich.

Meine 18-jährige Tochter begleitete mich dann. Sie hatte gerade Abitur gemacht.

Schon der Hinflug nach Paraguay über Brasilien machte uns auf eines der Probleme des Landes aufmerksam: Fast nirgends sahen wir Wald, nur riesige Felder. Wir fuhren dann mit dem Bus vom Flughafen durch die Landschaft. Tag und Nacht herrscht dort starker Lastwagenverkehr, häufig werden riesige Baumstämme transportiert. Wir erfuhren später, dass auch im Indianergebiet durch die Grundbesitzer illegal abgeholzt wird.

Über die Dörfer der Mbya schrieb ich in meinem Tagebuch:

„Herr Löwen führte uns bald zur ersten Schule, einer winzigen Bretterbude für zwölf Kinder. Wir verteilen unsere Mitbringsel, Bleistifte und Süßigkeiten, und dürfen in glückliche Kindergesichter schauen. Im Dorf herrscht große Armut, die Hütten sind fast leer, es liegen nur ein paar Fetzen herum, geschlafen wird im Freien trotz der Kälte. Hühner, Küken und farbenprächtige Hähne picken im Schmutz, Schweine wühlen in der Erde. Neben jeder Hütte brennt ein Feuer, über dem gekocht wird. Es gibt ein paar kleine Felder für Mais, Maniok und Bohnen, umgeben von Wald, Bäumen mit orangeleuchtenden Apfelsinen, einzelnen Palmen und Vogelgesang, doch im Hintergrund hört man die Geräusche der Rodungsmaschinen. Man spürt, dass den Mbya ihre ursprüngliche Lebensweise als Halbnomaden bald nicht mehr möglich sein wird, obwohl das oberste Gericht des Staates ihre Eigentumsrechte am Boden bestätigt hat, die sie aber gegen die Großgrundbesitzer nicht durchsetzen können. Umso wichtiger sind die Schulen, die ihnen helfen sollen, sich im modernen Leben zurechtzufinden.

Wir fahren auf einem schmalen Weg bis zur Schule. Es ist Samstag, also sind keine Kinder da. Alles ist in bester Ordnung. Das Land ist von der Indianerbehörde zu einem festgelegten Preis den zugewanderten Mennoniten wieder abgekauft worden, diese gingen jedoch dagegen vor und versprachen jedem Indianer, der das Land verließ, eine hohe Geldsumme. Viele wurden gegenüber diesen Verlockungen schwach, aber der Häuptling bestimmte, keiner dürfe wieder zurückkommen, der einmal gegangen sei. So konnte er das Land für die Mbya retten. Er konnte beweisen, dass er schon immer im Besitz seiner Sippe gewesen war. Sein Nachfolger kaufte auf Kredit eine Motorsäge, schlug Holz, spaltete Zaunpfähle, aber die Mennoniten verboten ihm, dieses Holz zu verkaufen, da die Behörde ja noch nicht bezahlt habe. Sie steckten ihn sogar für zwei Wochen ins Gefängnis. Jetzt ist die Not groß.

Wir lernen Frau Regehr kennen, die in einer von ihr mitbegründeten Organisation "Tierra Viva" arbeitet. Hauptanliegen ist, dass die Indianer auch ihr eigenes Land besitzen dürfen und der Wald nicht mehr gerodet wird. Um ihnen etwas Einkommen zu verschaffen, vermittelt sie sie als Saisonarbeiter an die Mennoniten, im Winter sind sie jedoch arbeitslos. Dann werden Teppiche aus selbst gesponnener Schafswolle gewoben, Schnitzarbeiten hergestellt und Taschen geknüpft. Diese Arbeit erfüllt die Frauen mit Stolz und Selbstbewusstsein und trägt in der kalten Jahreszeit zum Lebensunterhalt bei. Frau Regehr zeigt uns, wo die Teppiche herkommen. In einer richtigen "Lumpenhütte" entstehen hier die schönsten Kunstwerke. Spontan kaufe ich bei einer älteren Weberin einen großen Wandteppich, ein wunderschönes Stück mit Darstellungen von unterschiedlichen Tieren. Ich freue mich sehr darüber!

Herstellung und Verkauf von Schnitzereien

Am nächsten Tag fahren wir zu einem Dorf, wo viele Holzschnitzer leben. Der erste, spezialisiert auf "tortugas", verblüfft uns mit seiner Fingerfertigkeit, Schnelligkeit, seinem Augenmaß und Sinn für Proportionen. Vor unseren Augen entsteht aus dem duftenden Palo-Santo-Holz eine kleine Schildkröte, dann arbeitet der Mann an einer größeren weiter. Als wir nach unserem Rundgang zu ihm zurückkehren, ist sie schon fast fertig, sie muss nur noch poliert werden, was mehrere Stunden dauern wird. Auch die anderen Männer fertigen die schönsten Holztierchen. Manche sitzen in ihrer dunklen Hütte dazu, wohin wir nicht dürfen, einige haben eine Werkstatt in Form eines Daches, wieder andere sitzen zu mehreren im Kreis ums Feuer und arbeiten gemeinsam. Die Menschen sind freundlich und offensichtlich stolz auf ihre Werke.

Wir beobachten auch einige Frauen beim Herstellen von Taschen, einem äußerst mühseligen Prozess. Zuerst wird die Bromelie im Wald gesammelt. Über einem Draht oder einer Schlinge wird das stachelige Blatt hin- und hergezogen mit einem kräftigen Ruck, so dass die Fasern losgelöst werden, die etwa 20cm lang sind. Die Frau setzt sich dann hin und rollt auf ihrem Schenkel aus diesen Einzelfasern einen Faden mit Asche als Gleitmittel, was einfach aussieht, was mir aber nicht gelungen ist. Auch das Faserngewinnen schien uns einfach, ich hatte hinterher aber die ganze Hand voller Stacheln. Dann wird der Faden in einem Bad aus Rinde und Blättern gefärbt und mit Asche gebeizt. Die Frau steckt zwei Stöcke in den Boden und spannt einen Faden dazwischen, an dem die Arbeit hängt. Die Technik heißt "Schlingen" und geht sehr langsam vonstatten mit Hilfe einer langen Nadel, die oft aus einer Fahrradspeiche gefertigt wird. Die Muster denkt sich jede Frau selber aus. Für eine

Tasche braucht sie etwa 2-3 Wochen. Natürlich arbeitet sie nicht ständig daran, sie kocht, wäscht, pflegt die Kinder, sammelt Holz usw.“

Was haben wir von der Reise nach Hause gebracht? Zwei sehr schwere Koffer voller Indianerhandarbeiten, die in der Schule und im Weltladen verkauft werden sollen, viele neue Erfahrungen und das Gefühl, welches Glück unsere Kinder doch haben, dass sie alle in die Schule gehen dürfen.

Kinderzeichnung aus einer Mbya-Schule

10. Bei drei Bergvölkern Nordthailands
Christine Orth

Als mein Mann aus der Berufstätigkeit ausgeschieden war, unternahmen wir bald danach im Frühjahr 1999 eine 6-wöchige Rucksackreise nach Thailand. In der ersten Woche erkundeten wir ein wenig die sehr sehenswerte Hauptstadt Bangkok, gewöhnten uns an das heiße Klima und die fremdartige Kultur. Die zweite Woche wollten wir im Norden in der - auch wegen ihres Kunsthandwerks – sehr bekannten Stadt Chiang Mai verbringen. Auch interessierten uns die in den nördlichen Grenzregionen lebenden Bergstämme, die sich mit Duldung des thailändischen Staates aus Nachbarländern, vorwiegend aber aus Südchina bis zum Beginn des 20.Jh. dort angesiedelt hatten.

Unser Hotel bot uns eine geführte 3-Tage-Tour an, die bereits am nächsten Morgen beginnen sollte. Wir bekamen eine Liste der dazu benötigten Ausrüstung und einen geeigneten einfachen Rucksack gestellt. Unser restliches eigenes Gepäck nahm das Hotel in Verwahrung. Unsere Reisegruppe - vier Dänen, eine Nordjapanerin und wir - wurden frühmorgens gemeinsam mit einem dafür ausgebildeten jungen Guide, der selbst aus diesen Bergregionen stammte, in einem Kleinbus zur Regionalstadt Chiang Rai gefahren. Dort bestiegen wir etwas außerhalb am Fluss Mekok – ein westlicher Nebenfluss des Mekong - zwei sogenannte Longtail-Boote und erreichten nach etwa einstündiger Fahrt unser erstes Reiseziel: ein Dorf der KAREN, direkt am Fluss gelegen. Wir wurden sehr zuvorkommend empfangen, erhielten einen Imbiß und konnten anschließend das Dorf, bestehend aus Holz/Bambus aber auch teils mit Ziegeln gebauten Häusern und Werkstätten besichtigen.

Das Wort „Karen" bedeutet „Weber", und entsprechend arbeite-
ten dort viele fleißige Frauen an der Herstellung von farbenfro-
hen Decken, Teppichen und Bändern. Die Männer der Karen
hingegen unterhielten eine eindrucksvolle Elefantenherde, und
auf vier dieser Tiere setzten wir nach der Mittagshitze am Nachmittag unsere Exkursion fort, eine Erfahrung der besonderen Art
für mich: Wir saßen jeweils zu zweit auf dem Rücken eines Elefanten in einem Korbsitz, während hinter dem Kopf des Tieres

sitzend ein Karen-Mann dieses führte. Es ging über holperige Pfade und in kleinen Wasserläufen stetig bergauf. Dabei veranlassten die schaukelnden und stampfenden Bewegungen des Tieres mich schließlich, mit zwei anderen Mitreisenden gemeinsam den restlichen Aufstieg zu Fuß zu gehen.

Es waren nur noch einsame Fußpfade, die uns am frühen Abend zu dem an einem mit Teakholzbäumen bewachsenen Berghang liegenden Dorf der YAO brachte. Auch hier wurden wir schon erwartet. Wir erhielten in einem neuen Anbau am Holz/Bambushaus des Dorfältesten einen gemeinsamen Schlafraum, ausgestattet mit 7 Matratzenlagern.(Übrigens sind sämtliche Häuser bei allen Bergbewohnern auf Pfählen errichtet. Der Platz darunter bildet eine Schutzzone für ihre Haustiere wie Hühner, Schweine, Hunde.) Der Hausherr und unser Guide kochten für uns im Wok ein leckeres Mahl, das wir acht Reisenden auf einer

Bambusterrasse des Hauses gemeinsam einnahmen. Danach hatten wir in dieser wundervollen Abendstimmung Zeit, uns ein wenig näher kennen zu lernen und uns über unsere Reiseeindrücke des vergangenen ersten Tages auszutauschen. Die Dorfbewohner verhielten sich recht zurückhaltend. Lediglich einige Frauen – sehr hübsch von Gestalt – beobachteten aus der Distanz, wie wir uns in Badekleidung vor dem Haus unter einem dafür angebrachten Wasserschlauch abduschten, denn der Tag war auch recht schweißtreibend gewesen.

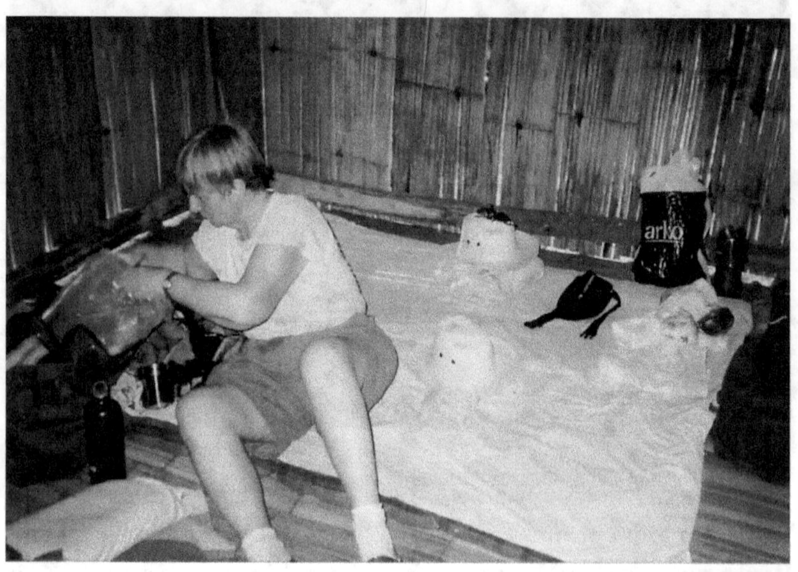

Die Bergwanderung am zweiten Tag zu einem Dorf des am Abgelegendsten lebenden Stammes der AKHA traten wir nur noch zu sechst an, das dänische Ehepaar hatte nur eine 2-Tage-Tour gebucht und wurde abgeholt. Wir genossen den herrlichen Bergwald auf schmalen Pfaden, rasteten über Mittag an einer Wasserstelle für Elefantenherden mit einer Imbißstelle. Unser Guide empfahl uns vor dem letzten Aufstieg zu unserem dritten Reiseziel, an einem nahegelegenen Wasserfall ein Bad zu nehmen. Man konnte dort sogar ein wenig schwimmen. Es war eine herrliche Abkühlung und zugleich ein sehr weiser Rat unseres Reiseleiters, denn in dem Dorf der Akha, oben auf einer Bergkuppe gelegen, gibt es überhaupt kein Wasser. Die Akha-Frauen müssen es täglich mühevoll in Behältnissen auf ihrem Rücken aus dem Tal schleppen. Infolgedessen hieß es für unsere Gruppe: total reduzierte Körperpflege! Zum Zähneputzen und Gesicht erfrischen waren vorsorglich – neben Verpflegung für uns – auch einige Flaschen Wasser im Vorwege in das Dorf gebracht worden, welch ein Luxus!!! Wir bewohnten ein eigenes Bambus-Gästehaus. Nach dem – gottlob – vegetarischen Abendessen aus dem Wok (Die Akha verzehren sehr gern Hunde, und es liefen sehr viele davon im Dorf herum) begann für mich der am unwirklichsten wirkende und damit auch unvergesslichste Teil dieser Exkursion.

Wir saßen an einem roh gezimmerten Holztisch auf zwei ebensolchen Bänken inmitten des Dorfplatzes, umgeben von den Hütten der Dorfbewohner. Die einzige Beleuchtung in der nun einbrechenden Dunkelheit war eine Petroleumlampe auf unserem Tisch. Nach Beendigung unserer Mahlzeit kamen recht leise und vorsichtig zunächst größere und kleinere Kinder von allen Seiten heran, um uns Neuankömmlinge in Augenschein zu nehmen. Nach einiger Zeit wurden sie mutiger und erklärten unserem Guide (er übersetzte es uns), dass sie uns etwas vorsingen möchten. Natürlich gern, wir waren neugierig! Und ich muss sagen, es war überwältigend! Sehr melodisch, unglaublich textsicher erklang von Groß und Klein dieser Kinderschar ein erstes, dann ein weiteres Lied, jedes aus mindestens sechs Strophen bestehend. Wir sparten nicht mit dem gebührenden Beifall. Nach kurzer Pause geschah jedoch etwas für uns alle Unerwartetes: Die Kinder wünschten nun von uns, dass auch wir ihnen ein Lied vortrügen. Woher sollten sie auch wissen, dass wir aus unterschiedlichen Ländern kamen und keinerlei gemeinsames Liedgut hatten. Alle Gruppenteilnehmer beteuerten zudem, sie seien absolut unmusikalisch und könnten nicht singen. (Von meinem Mann war mir das bereits geläufig.) Unsere kleine Gruppe musste also ablehnen. Die Kinder verstanden uns nicht und sahen uns weiterhin erwartungsvoll an. Inzwischen waren auch etliche Frauen der Akha hinter unserer Tischrunde erschienen, während deren Männer im Dunkeln vor ihren Hütten saßen und uns ebenfalls aufmerksam beobachteten. Da sagte mein Mann zu mir, ich sei nun hier die Einzige, welche die „Ehre unserer Gruppe" retten könne, und ich solle doch mal eben ein deutsches Volkslied oder so singen. Zwar bin ich in dieser Beziehung aufgrund langjährigen Chorsingens etc. recht locker, doch fiel mir in diesem absurden Augenblick absolut nichts Passendes ein. Die Situation empfand ich als irreal und dachte einen Moment, „im falschen Film" gelandet zu sein. Ich schaute zum nächtlichen Himmel auf ----- und sah dort den Mond in seiner vollen Schönheit stehen. Das war „meine Erleuchtung": „DER MOND IST AUFGEGANGEN", drei Strophen des wundervollen Abendliedes von Matthias Claudius erklang über den Bergwäldern Nordthailands. Rundum war es ganz still, dann klang Beifall auf. Es wurde ein einmalig schöner und auch sehr interessanter Abend. Wir erfuhren Etliches aus dem Leben und von den Sitten dieser Bergbewohner, die ursprünglich aus Südchina stammen, einstige Opiumanbauer im Grenzgebiet waren und heutzutage dem christlichen Glauben angehören, wohl aber mit alten Naturreligionen durchmischt. Nach einigen Liedern der

Kinder gab ich noch unser Lied „Auf einem Baum ein Kuckuck saß" zu Gehör. Dabei begriffen die Kinder sehr schnell das in jeder Strophe wiederkehrende, wortakrobatische „Simsalabimbambasaladusaladim", lachten und klatschten begeistert dazu. Es hat einfach große Freude gemacht. Mein Mann und ich werden diese Begegnung mit dem Volk der Akha nicht vergessen.

Am nächsten Morgen wanderten wir nach einem leckeren Frühstück und einem gemeinsamen Abschiedsfoto mit der Frau des Dorfältesten wieder talwärts bis zu einem einsamen Fahrweg. Dort wartete der Kleinbus mit Fahrer auf uns, fuhr diesen dritten Tag mit unserer Gruppe durch kleine Ortschaften bis zum „Goldenen Dreieck" am Fluss Mekong, wo Thailand, Laos und das ehemalige Burma – heute Myanmar – aufeinandertreffen. Spätabends trafen wir wohlbehalten und mit unglaublich vielfältigen, unvergesslichen Eindrücken im Hotel von Chiang Mai ein.

11. Tunesien 2009

Ingo Bubert

Vierundzwanzig Archäologen
sind nach Afrika gezogen.
Ihr Ziel das war nicht der Sudan;
nein, sie fingen oben an,
in Tunesien, ist doch klar,
dort wo mal Karthago war,
dass die Römer, welche Pein,
äscherten einst gänzlich ein.
Sie haben Punier bezwungen,
doch ist es ihnen nicht gelungen,
deren Feldherrn Ruhm zu schmälern,
Noch heute werden von den Pennälern
die Taten Hannibals gepriesen.
Und damit ist klar bewiesen,
dass der, der einen Kampf verliert,
manchmal den Sieger dominiert.

Kaum mit dem Flugzeug angekommen,
wurd' auch schon in den Blick genommen
das Künstlerdorf Sidi Bou Said,
wo vor noch gar nicht langer Zeit
die Malerfreunde Macke, Klee
die Häusermauern weiß wie Schnee,
die Dächer rot, die Bäume grün
- so wie es ihnen gerad erschien-
bannten auf ein Stück Papier.
Man zahlt heut' sehr viel Geld dafür.

Am nächsten Tag ging's richtig los:
Nicht Alt- und Neu-Karthago bloß,
nein, Dougga und Sufetula.
Die Römer waren vor uns da
und hinterließen manche Spur.
Wir folgten ihnen auf unsrer Tour:
Theater, Mausoleen und Thermen,
Fußbodenheizung zum Erwärmen.
O, welche Fülle der Kultur!
Wir haben Großsteingräber nur
und ab und zu ein Flintsteinbeil
und eine Streitaxt, einen Keil.

Den Römern folgten die Wandalen,
nur leider klein an Volkeszahlen.
Erlagen denen aus Byzanz.
Und nun begann ein großer Tanz.
Türken kamen, dann Franzosen,
rote Jacken, blaue Hosen.
Schließlich wurd' Tunesien frei,
in Rente ging der letzte Bey.
Nun bestimmt das Volk allein:
Ben Ali soll unser Führer sein.
So zogen wir durch ganz Tunesien,
es schien so groß wie Groß-Chinesien.
Wir sahen Gärten – blütenreich,
und auch das große Wüstenreich,
die Salzseen und die Steppe pur,
weit und breit nichts als Natur.

Der Feldzug einst von Erwin Rommel,
war bloß ein kleiner Stadtparkbummel,
vergleicht man ihn mit unserer Reise.
Doch wir, Männer, Frauen junge Greise,
hielten aus mit letzter Kraft.
Nun sind wir geschafft!

Der Dank von uns gebührt Abdhull,
der uns gefahren wundervoll,
und Taha, unsrem Reiseleiter,
ein Weiser wahrhaft und Begleiter,
der uns belehrt und auch erheitert.
Wir rufen laut: „Mach nur so weiter!"

Wüstenrosen auf einem Markt in Tunesien

12. Die Wüste

Monika Most-Seidel

"Allah gab den Menschen die Erde und das Wasser zum Leben, Die Wüste schenkte er ihnen, um ihre Seele zu finden."
(Weisheit der Berber)

Was hatte mich so unwiderstehlich an dieser Reise angezogen? Ich glaube, es war eine tiefe Sehnsucht, die durch Saint-Exupéries Beschreibungen der Wüste, besonders in dem Büchlein „Der kleine Prinz" hervorgerufen wurde und lange geschlummert hatte.

Zunächst wurde die Reise in Frankfurt wegen Überfällen auf Wüstenreisende gestoppt. Schließlich kamen wir nachts in Tunis an und erreichten die Unterkunft auf Djerba. Abenteuerlich war am anderen Morgen das Verstauen unseres Gepäcks auf Autodächern. Die Autos hielten durch und brachten uns zu der Oase. Ein langer Baumwollschal musste noch erstanden werden als Schutz für Kopf und Gesicht. Wie er zu binden war, lehrten uns die Beduinen, die uns in Empfang nahmen. Ein Kamel sollte sich jede aussuchen. Ja, welche Kriterien sollte ich denn anwenden? Schließlich blieb fast nur das Kamel von Jamel übrig, einem schönen negroiden Typ. Zaghaft fragte ich ihn, ob er meinte, dass ich sein Kamel führen könne, musste dazu aber erst meine lange ungenutzten Französischkenntnisse hervorholen. Die Bestätigung kam umgehend, der Rucksack wurde aufgeladen, ich bekam den Strick zum Führen in die Hand und los ging es.

Am Abend musste ich mich entscheiden zwischen einem Lager unter einer Teppichplane oder frei in den Dünen, was ich vorzog. Glücklicherweise nahm eine kleine Gruppe jüngerer Frauen mich sozusagen als Großmutter auf, und so war für etwas Nähe in den Dünen gesorgt. Die Schlafsäcke und das übrige Gepäck sollten erst ausgerollt bzw. geöffnet werden, wenn wir hineinkriechen würden. Eine der Frauen hielt sich nicht daran und fand dann eine Schlange im Schlafsack. Die Beduinen kannten kein Pardon und das unschuldige Tier musste sein Leben lassen. Zuvor hatten wir am Lagerfeuer eine warme Mahlzeit genossen und anschließend zu Trommel und Gesang getanzt, wobei der richtige Hüftschwung trainiert wurde.

Schließlich lag ich mit Brille in meinem Schlafsack und schaute den tiefdunklen Nachthimmel voller Sterne und mit der liegenden Mondsichel an bis die Augen zufielen. Warm hatte ich mich angezogen und nur das Gesicht spürte die Kühle der Nacht. Gegen Morgen ein malmendes Geräusch nahe an meinem Kopf; ein Kamel mit seinen zusammengebundenen Vorderfüßen kaute auf einem trockenen Grasbüschel und trottete bald weiter ohne mich zu beachten. Aufatmen meinerseits- denn so ein Kamel ist ganz schön groß, besonders wenn es fast über einem steht.

Mittlerweile begann der Himmel mehr und mehr zu glühen und ich schälte mich aus meinem Schlafsack und breitete ihn in den ersten Sonnenstrahlen aus, um die Feuchte vor dem Verpacken zu trocknen. Zierliche entzückende Spuren rund um meinen Schlafplatz zeigten, dass hier eigentlich Skarabäen zu Hause waren. Ob sie wohl über meinen Schlafsack gelaufen waren? Die Spuren deuteten nicht darauf hin. Für meine Notdurft grub ich ein Loch, dann wurde der ganze Körper mit dem so wunderbar feinen Sand abgerieben und in die Kleidung geschlüpft.

Ein Beduine hatte in einer Mulde ein Feuer entfacht. Er knetete eine große Portion Brotteig, formte sie zu einem Fladen und breitete diesen auf der heißen Asche aus und bedeckte ihn mit Sand. Dem fertig gebackenen Fladen klopfte er sorgfältig den Sand ab und legte ihn in unsere Mitte. Vom warmen Fladen brachen wir Stücke ab und tunkten sie in Olivenöl oder bestrichen sie mit dem köstlichen Dattelaufstrich. Genuss pur!

Die Wasserflaschen wurden gefüllt und das Gepäck zügig aufgeladen. Ich stieg auf das knieende Kamel und hielt mich an zwei Holmen fest. Mit einem Ruck, der mich fast herunterwarf, stand das Kamel auf und Jamel verstaute die Reste. In langer Reihe ging es hinaus in die unendliche Weite der Wüste. Von so hoch oben konnte der Blick weit schweifen.

"Die Wüste ist schön" fügte er [der kleine Prinz] hinzu. „Aber was ihre Schönheit ausmacht, ist unsichtbar"
(Antoine de Saint-Exupéry).

Ja, man muss es erleben, denn beschreiben lässt sich diese Erfahrung nicht. So lebt die Wüste in mir und bleibt ein Sehnsuchtsort.

13. Die Mauer
Klaus Wittig

Marokko – allein der Name dieses Landes weckt bei uns Menschen des Abendlandes romantisierende Vorstellungen vom traditionellen orientalischen Leben, und Vorstellungen, geprägt in der Kinderzeit durch die „Märchen aus 1001 Nacht", kommen hinzu.

Meine Frau und ich unternahmen eine Studienreise zu den marokkanischen Königsstädten, wohnten in luxuriösen Hotels und schmeckten, rochen und erblickten täglich die für uns exotisch-anziehenden Besonderheiten dieses Landes. Nach dem Ende dieser geführten Reise blieben wir noch für eine Woche in Marrakesch. Auch hier wohnten wir in einem Fünfsternehotel mit mehreren Restaurants, Pools etc.

Jeden Tag fuhren wir mit dem Linienbus zum Jemaa el Fna, dem Platz der Geköpften, wo heute allabendlich Garküchenbetreiber, Gaukler, Händler, Geschichtenerzähler, Schreiber etc. ihre Dienste und ihre Darbietungen anpreisen. Von hier aus starteten wir unsere Ausflüge.

Die Bushaltestelle bei unserem Hotel befand sich gleich um die Ecke an einer langen Mauer. Mauern sind hier stadtbildprägend, selbst kleinste Grundstücke sind von hohen Mauern umgeben. Zäune, durch die man blicken könnte, gibt es kaum. Ich hätte zu gern gewußt, was hinter dieser Mauer lag, aber sie war zu hoch.

An einem Tag aber stand an der Mauer eine Obstkiste, die jemand dort hatte stehen lassen. Sofort stieg ich auf die Kiste, hatte nun freie Sicht über die Mauer und sah - einen riesigen Müllplatz! Und auf dem Müll stand ein traditionelles Zelt, vor dem ein paar kleine Kinder spielten. In einem Topf über einem offenen Feuer köchelte irgendetwas.

Langsam löste ich mich von diesem Anblick und stieg wieder von der Kiste. Da waren wir von unserem Hotel mit allem Komfort und Luxus etwa 200 Meter entfernt, und hier, jenseits einer Mauer, lebten Menschen ohne Wasser, geregelte Abwasserentsorgung und Strom auf dem Müll derjenigen, die in einer anderen Welt lebten, die unentwegt Müll hinterlässt und zu der auch wir Touristen gehören.

Den Anblick der Müllplatzbewohner werde ich nie vergessen, und ich denke, dass Touristen ihre Reise mit allen Annehmlichkeiten genießen, aber auch einen Blick über Mauern hinweg wagen sollten.

14. Holzfiguren in Probsteier Tracht aus El Salvador

Christine Stocks

Von 2009 bis 2012 lebten wir in San Salvador, der Hauptstadt von El Salvador, dem kleinsten Staat in Zentralamerika. Mein Mann war dort Botschafter.

Die deutsche Gemeinde pflegt dort einen engen Zusammenhalt. So sahen wir bei der Verabschiedung eines Lehrers von der deutschen Schule das Abschiedsgeschenk von den Kollegen: es war seine in Holz porträtierte Familie. Der Sohn war nur halb so groß wie die Eltern und hatte herrlich gelbe Haare unter dem kleinen Hut aufgemalt. Ein Holzschnitzer aus dem Stadtteil Antiguo Cuscatlan hatte sie gefertigt. In seinem Laden gab es quietschbunte, herrliche Dinge zu kaufen. Seine Spezialität waren diese Figuren, aus armdicken Ästen einer bestimmten Baumart geschnitzt, die in die Farben der beliebtesten Fußballmannschaften El Salvadors gekleidet waren.

Ich besuchte ihn und fragte, ob er die Figuren auch in die Trachten unserer Heimat kleiden könne. Natürlich, war die Antwort, er brauche nur richtige Bilder. Zuhause gingen wir im Internet auf die Suche von Abbildungen Probsteier Trachten. Wir hatten nur schwarz-weiße in alten Büchern. Aber wir fanden ein geeignetes Farbbild, und dazu noch ein weiteres mit einem Paar in bayerischer Tracht für unseren Sohn, der in München lebt.

Zum verabredeten Zeitpunkt waren die Figuren auch wirklich fertig und standen stramm auf ihren kleinen Sockeln. Der Bildhauer erzählte zu ihnen folgende Geschichte: sie standen als

Blickfang im Laden, und richtig: ein Touristenpaar kam herein und brach in Begeisterungsschreie aus: "das sind die Trachten aus meinem Land! Kann ich die Schnitzereien kaufen?" (Hier muss man das Temperament des Erzählenden berücksichtigen: kann man sich einen wortkargen Probsteier vorstellen, der in Begeisterungsschreie ausbricht?) Mein guter Handwerker gab sie nicht aus der Hand. Hätte er mich angerufen, hätte ich natürlich gesagt: "Verkaufe sie zu dem gebotenen Superpreis und mach mir ein neues Paar". Das war leider eine vertane Chance für ihn.

15. Auf dem Jakobsweg 2013
Volker Wende

Brich auf
Geh unbeschwert. Lass los!
Nimm ins Gepäck
Die Sehnsucht nur
Und Gottvertraun.
(Pilgergedicht von Elisabeth Alferink)

Mit 64 Jahren habe ich mir den langgehegten Wunsch erfüllt und bin im Mai 2013 ab Leon den Jakobsweg nach Santiago de Compostela gepilgert. Pilger, veraltet auch *Pilgrim,* stammt vom lat. Wort peregrinus (in der Fremde sein) ab, was Fremdling bedeutet. Im Kirchenlatein als *pelegrinus* abgewandelt, bezeichnet es eine Person, die aus religiösen Gründen in die Fremde geht. Als Interessierter am interreligiösen Dialog und der Ökumene war ich schon in Israel, Taizé, Rom und verschiedenen Klöstern. In Preetz bin ich seit 2005 im Kirchengemeinderat und überzeugter Anhänger der Taizé-Andachten. So brachte ich einige Voraussetzungen mit, um das Wagnis "Jabobsweg" anzugehen. 2013 war es dann soweit. Bewusst bin ich rund 400 km von Leon aus **allein** gepilgert; ich wollte frei von Gruppenzwängen und mein eigener Herr sein. Zu diesem Gefühl des Freiseins gehörte für mich auch, dass ich keine Unterkunft (Pilgerherberge) im Vorwege gebucht hatte.

Pilgern beginnt zuhause
Eine gut 3-wöchige Pilgerreise bedarf einer guten Planung. Der Umgang mit der gesamten Ausrüstung (Schuhe, Rucksack inkl. Gewicht und Inhalt) benötigt eine besondere Aufmerksamkeit.

Bei den neuen Schuhen habe ich mich für die stabile Ausstattung (Lederschuhe) entschieden. Bei Wind und Wetter habe ich sie mit Rucksack und Gewichten in der Preetzer Feldmark an diversen Wochenenden eingelaufen. Zur weiteren Vorbereitung gehörten dann u. a. noch die Wahl der richtigen Kopfbedeckung (Hut/Mütze), gute Regensachen, Reiseapotheke, kleiner Universal-Sprachführer Spanisch etc.. Das Endgewicht des Rucksacks lag letztlich bei ca.11 kg. Da der Rucksack im Laufe der Pilgertour an den verschiedensten Orten abgestellt wird, empfahl mir ein befreundeter Tierarzt, das Zeckenhalsband unseres Hundes zum Schutz gegen Ungeziefer mitzunehmen; diese Maßnahme hat mir sehr geholfen.

Ähnlich intensiv habe ich mich mit dem Wanderführer von Cordula Rabe *Spanischer* Jakobsweg beschäftigt. Sein Vorteil war m. E., dass er erstens den Jakobsweg in Tagesetappen einteilt und zweitens über den Weg nach Santiago de Compostela hinaus die Strecke bis Finisterre und Muxía (bis hierhin bin ich gepilgert) beschrieb. Mein zweiter Reiseführer war (und ist es bis heute): *Die **Losungen** der Herrnhuter Brüdergemeine.* Morgens vor dem ersten Schritt auf die nächste Etappe las ich die Tageslosung. Diese Losungen beschäftigten mich dann tagsüber und das ein oder andere Kirchenlied fiel mir dazu ein. Häufig habe ich unterwegs oder abends in einer Kirche/Kapelle mit anderen Pilgern gesungen. Nach meinem Eindruck haben insbesondere die Lieder von Taizé eine weite Verbreitung.

Ungefähr ein Jahr vor dem Start habe ich mir weitere Lektüre zum Pilgerweg besorgt. Dazu gehörten u. a. Bücher zum Pilgern allgemein, zur Spiritualität, Reiseberichte und natürlich auch das Buch von Hape Kerkeling: „Ich bin dann mal weg".

Es geht los

Vom Flughafen HH flog ich nach Bilbao und setzte meine Reise per Bus nach Leon fort. In Leon (hier blieb ich 2 Tage) erlebte ich gleich eine kleine Überraschung. Anfang Mai 2013 waren hier morgens 0 Grad und es nieselte. Durch den Besuch der Kathedrale mit 1800 qm Buntglasfenster sah ich gleich am ersten Tag eines der schönsten Gotteshäuser überhaupt. Ausnahmsweise soll es hier auch nachts Führungen geben, die besonders beeindruckend sein sollen.Sehr bewusst habe ich Pilgerherbergen (also keine Pensionen oder Hotels) aufgesucht; pilgern ist kein "wandern" im klassischen Sinn und erst recht kein Urlaub.

Unterwegs

Es ging mir in den Pilgerherbergen um den Kontakt mit Gleichgesinnten (zum Gedankenaustausch sowie gemeinsame Essen und Andachten). Bei jeder Pilgerherberge erhielt man einen neuen Stempel in seinen Pilgerpass als Beleg für das Erreichen des Tageszieles. Wer abends sehr spät ankam und kein Essen oder keine Getränke hatte, wurde ganz selbstverständlich und großzügig von MitpilgerInnen eingeladen und unterstützt. Die Bettenzahl in den Pilgerherbergen belief sich von 4-Bett-Zimmern bis zu (einmal) 15 Betten (dreistöckig). Da war so manche Nacht keine Erholung; aber ich wollte es so. Nach Vorlage des Pilgerausweises (den ich mir in Leon für 12 € besorgt hatte) wies eine Ordensschwester/ein Ordensbruder die Schlafstelle zu. Damit verbunden war die freundliche Aufforderung, Schuhe und Rucksack nicht mit in den Schlafsaal zu nehmen (das war auch besser so!). Oberstes Gebot war zum Schluss der Tagesetappe im eigenen Interesse die Fußpflege. Dabei erhielt man oft professionelle Hilfe, wenn Blasen und geschwollene Füße behandelt werden mussten.

Durch meinen frühmorgendlichen Aufbruch (ohne Frühstück, ca. 6:30 Uhr) war ich in der nächsten Herberge so rechtzeitig, dass ich immer ein Bett bekam. Außerdem hatte ich morgens noch eine warme Dusche und ich erlebte kein Gedränge im Waschraum. Wer zu spät und nicht unterkam, musste weitersuchen oder zur nächsten Ortschaft gehen.

Pfingsten wollte ich in Santiago de Compostela sein; das hatte zur Konsequenz, dass ich (auch im Gebirge) Tagesetappen von 20-30 km zu bewältigen hatte. Gut trainiert und als ehemaliger Langstreckenläufer sah ich in diesen Entfernungen eher eine mittlere körperliche Herausforderung. Das Wichtigste dabei war das regelmäßige Trinken von Flüssigkeit. Bei jedem Wetter (Kälte/Hitze/Regen) im Wald oder auf offener Fläche sollte man stets im Weitergehen an seine Trinkflasche rankommen können.

Je nach eigenem Tempo wurde man von anderen PilgerInnen einge- und überholt; so ergaben sich auch gemeinsame Strecken. Die abendlichen Treffen in den Pilgerherbergen hatten ernsten (Andachten, gemeinsame Gebete) bis geselligen Charakter. Sehr oft standen zwei Fragen im Vordergrund: 1. Von wo kommst Du und 2. Warum pilgerst Du? Der Jakobsweg vereint Menschen verschiedenster Generationen, Nationalitäten und Motivationen. Neben religiösen (Ablegen eines Gelöbnisses) und spirituellen Motiven spricht eine Vielzahl von anderen Gründen für ein Pilgern über diesen Weg.

Im Alleinsein, in der Stille kann man zulassen, was einen beschäftigt. Spiritualität, Kontemplation und Atemrhythmus ermöglichen es, Gedanken wahrzunehmen und weiterziehen zu lassen. Bei der Trennung wünschte man sich gegenseitig einen „Buen Camino!"- einen guten Weg. Es war nicht ungewöhnlich, wenn es erst nach 2 oder 3 Tagen ein Wiedersehen gab.

Die meisten PilgerInnen hatten sich (wie ich auch) das Ziel gesetzt, zu Pfingsten in Santiago de Compostela zu sein. Die extra angesetzte Pilgermesse war sehr gut besucht. Am Rande der Sitzreihen standen kleine und große Rücksäcke in den verschiedensten Farben; etwas Ähnliches hatte ich vorher so noch nicht gesehen.

Hauptsache wir hatten es geschafft und nahmen an dem berühmten _Botafumeiro_ teil. Es ist ein 60 kg (gefüllt 100 kg) schweres, 160 cm hohes, versilbertes Weihrauchfass. Früher machte er den strengen Geruch der Pilger erträglicher. Heute ist es ein beliebtes Spektakel, wenn er am 35 m langen Seil hängend durch das Querschiff geschwenkt wird.

Unvergesslich bleibt für mich auch die Fortsetzung der Pilgerung bis nach Finisterre (galicisch Fisterra) ans _Ende der Welt_, wie die Menschen im Altertum glaubten. Meine letzte Etappe war Muxía.

Mein langgehegter Wunsch ist also in Erfüllung gegangen. Ausdrücklich teile ich die Einschätzung von Hape Kerkeling (S. 343): Dieser Weg ist hart und wundervoll. Er ist eine Herausforderung und eine Einladung. Er macht dich kaputt und leer.

Restlos. Und er baut dich wieder auf. Gründlich. Er nimmt dir alle Kraft und gibt sie dir dreifach zurück. Du musst ihn **alleine** gehen, sonst gibt er seine Geheimnisse nicht preis."

Auf dem Heimweg stellt sich der Pilger drei Fragen:
Was bewahre ich im Herzen?
Was bringe ich den anderen von meiner Reise mit?
Und: Was hat sich verändert?
(Odilo Lechner)

16. Mit M/V „Balthasar Schulte" von Hamburg nach Valparaiso/Chile und weiter über die Anden bis Cordoba und Buenos Aires (2014)

Rüdiger Sichting

Als bei Hamburg-Süd eine Kombireise mit einem Container-schiff ab Hamburg angeboten wurde: Panama-Kanal an die Westküste Südamerikas, in 31 Tagen bis Valparaiso/Chile, ent-schied ich mich: Buchung und Reisetermin im Frühjahr, Abreise mit Einschiffung in Hamburg am 17. Mai; meine Option: in Chile von Bord zu gehen. Nachdem ich dann alle vorgeschrie-benen Unterlagen wie Impfpass mit Gelbfieberimpfung und ärztliches Attest eingereicht hatte, die Anzahlung geleistet war, schloss ich meine Planungen der Weiterreise von Chile über die Anden nach Argentinien ab; fünf Nächte Valparaiso, dann

Überquerung der Anden mit ihren fast 7000m hohen Gipfeln per Comfort-Bus nach Mendoza (Weinmetropole Argentiniens), weiter mit Nachtbus nach Cordoba (6 Nächte) und später so auch nach Buenos Aires.

In Cordoba hatte ich mich mit Barbara Ceballos und ihrer Familie verabredet. Wir beide sind uns schon Mitte der 90er Jahre in Beijing/China, später in Preetz begegnet und es war Zeit, wenn ich schon Argentinien als Reiseziel wähle, sie in ihrem Heimatland zu besuchen…, und es war beiderseits eine so große Freude gewesen, sich nach so vielen Jahren zu begrüßen und sich auszutauschen, uns an viele schöne Stunden erinnerten. An zwei großartigen Abenden durfte ich die Gastfreundschaft des

Ceballos-Quartett in Anspruch nehmen: Barbara, ihr Mann Eduardo, ihr gemeinsamer Sohn Ignacio und ihre in Preetz geborene Tochter Sophia schon 1995 aus der ersten Ehe mit Marc Hecht. Hecht, der in Beijing als junger Geschäftsführer in die Fußstapfen seines Vaters eingetreten war, ist im Februar 1997 bei einem äußerst tragischen Autounfall in Beijing ums Leben gekommen.

Meine für 48 Tage angelegte Reise fand dann in Buenos Aires ihren Abschluss, einer Metropole mit einem Kontrastprogramm, das mich sehr beeindruckte, aber gleichzeitig auch richtig betroffen machte. Es ist mir immer ein Anliegen, große Städte weitgehend zu Fuß zu erkunden. Hier fällt viel Licht in die breiten Avenidas und Boulevards mit ihren schicken Boutiquen und den schönen Restaurants und Bars, aber ein wenig abseits lassen einen die Schattenseiten auch nicht los; sehr schwer zu beschreiben, wie gutes Bürgertum sich mit so viel Armut arrangiert und nicht unerwähnt bleiben darf der enorme Leerstand und der langsame Verfall großartiger Bausubstanz aus sicher „glorreichen Zeiten".

Allgegenwärtig aber auch die Fußball WM in Brasilien. Da an Bord nur ein paar tägliche Weltnachrichten ausgedruckt wurden, konzentrierte ich mich darauf, in Chile und in Argentinien in Restaurants und Bars ein paar Toppspiele zumindest am Bildschirm miterleben zu können. Und da gab es hier keine Not, weil beide Länder mit ihren Teams ja teilnahmen, tolle Spiele zeigten, was die Fußballfans auf den Straßen in Valparaiso, Cordoba und besonders in Buenos Aires Stunden vor jedem Anpfiff elektrisierte. Schließlich stand die Heimreise an, die ich dann aber mit der Boing 747/440 der Lufthansa via Frankfurt bis Hamburg antrat, wo mich meine Familie in Empfang nahm.

Buenos Dias Chile/Argentinien - willkommen in Deutschland, in der Heimat. Das meine ich mit voller Überzeugung. Ich bin sehr gerne wieder angekommen und wurde auch erwartet. Allen danke ich sehr, die mir eine gute Reise wünschten und mir die Daumen drückten. Ich denke, es hat mir geholfen. (See-)Krankheiten gab es nicht, Geldmangel hatte ich auch nicht, beklaut hat mich keiner und auch gutes Reisewetter hat mich vom ersten bis letzten Tag begleitet, wenngleich es ja ab Äquator winterlich war...., nicht wirklich. Auch Katastrophen blieben aus, von denen meine Begleitungen und ich auf Reisen durch Asien gelegentlich heimgesucht wurden, die wir aber stets meisterten. Bedanken möchte ich aber auch bei der Besatzung an Bord, die uns auf See und in den Häfen (fast) alle Freiheiten ließ, freundlich zu uns Passagieren war. Ein besonderer Dank geht an Chiefcook Roldan Alvarez Udarbe und Messman Jenny (Filipinos), die uns ausgesprochen freundlich, vielseitig und sehr, sehr gut versorgten.

Es war eine großartige Reise in für mich noch ganz fremde Länder. Begonnen hatte alles in Hamburg. Bevor der Atlantik überquert wurde, gab es Stopps in London Gateway und in Antwerpen und dann ging es für zehn Tage nur noch übers offene Meer. Der erste Hafen für Schiffe dieser Größenordnung (Baujahr 2012 in China, Größe 49,857 tdw, 261m lang und 32m breit) war dann Caucedo (Dom. Republik).

Noch vor der Durchfahrt des Panama-Kanals machte die M/V „Balthasar Schulte" noch fest in Cartagena (Kolumbien) und in Manzanillo/Colon (Panama) und dann die spektakuläre Durchfahrt für 19 Stunden durch den Panama-Kanal.., super. Der erhält neue Schleusen für noch größere und breitere Schiffe. Nach der Äquator-Überquerung mit Taufe und Beurkundung für Eugen Balzer, Jürgen Buck und mich durch Captain Vyacheslav Pyrogov hielten wir zum Ent- und Beladen auch noch in Callao/Lima (Peru) an. Und wann immer es zwischen den Ladezeiten Zeit gab, Landgang für uns zu beantragen, nahmen wir diese Option in Anspruch, bekamen von Alexandru (3. Offizier) Tagespässe in Cartagena, in Colon und in Callao, um für ein paar Stunden die schwankenden Schiffsplanken mit festem Boden zu tauschen. Die 31-tägige Schiffsreise ging dann in Valparaiso (Chile) für mich zu Ende, weitere Abenteuer sollten aber folgen.

In Valparaiso lernte ich „The German Pirate" Mikel kennen, der mich für 55 US$ drei Tage begleitete, mich über Land und Leute ausreichend informierte, vor allem darüber, dass ohne Spanischkenntnisse hier so gut wie gar nichts geht. Recht hatte er und er hatte auch die Wahrheit gesagt über den deutschen Kneipenwirt Wolfgang Scheuber, der seit gut 40 Jahren in Valparaiso lebt und das etablierte „Hamburg" Restaurant führt; urgemütlich mit deutsch/chilenischer Küche und Getränken, gleichzeitig beherbergt Scheuber in seinem Gasthaus und in den zwei privaten Anwesen weit außerhalb der Hafenstadt maritime Schätze aus der ganzen Welt…, von allererster Güte.

In beiden großangelegten Häusern, von einem Dutzend Straßenkötern bewacht, waren Mike und ich von Wolfgang zu einem BBQ eingeladen worden und nach meinem Besuch bei diesem „ganz speziellen Mann" ist meine Vermutung: So etwas wie ihn, seinen eigenwilligen Humor und vor allem seine unglaublich vielen Raritäten aus der Seefahrt, ob Handelsschifffahrt oder Marine, gibt es auf der Welt kein zweites Mal! Ihn zu erleben…, ein Glücksfall sondergleichen.

Tolle Schiffsreise über Atlantik, Karibisches Meer und Pazifik. Mit an Bord die Crew: Offiziere (Ukraine, Russland, Rumänien), die weitere Besatzung (21) des in Monrovia beheimateten Schiffes waren Filipinos, einer aus Äthiopien. An Bord auch fünf Passagiere; drei Deutsche, eine Französin, die Frau des Captains, beide aus der Ukraine. Sogar das auf Kreuzfahrten so wichtige Captains-Dinner reklamierten wir für uns, saßen mit

Kapitän Pyrogov und Frau Iryna bei einem zünftigen BBQ am
Tisch.

Schlussbemerkung – Unvergesslich!!

Schlussbemerkung – Unvergesslich!!

Steigbügel aus Patagonien, 19. Jahrhundert, Sammlung Kay Rettmeyer.

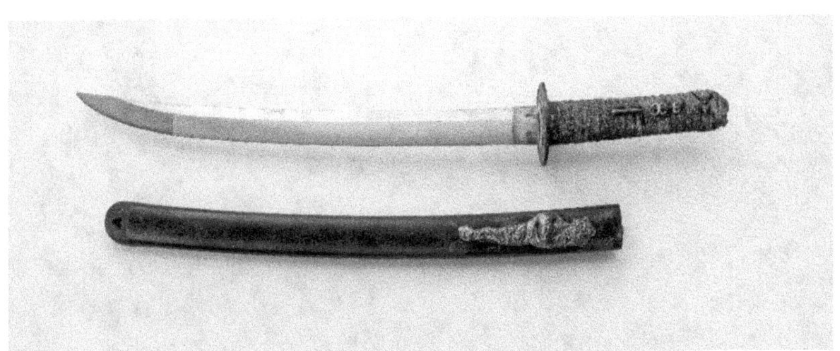

Japanisches Schwert, vor 1913, Sammlung Gerd Dressler.

Lederschild und Bibel in Ge'ez Schrift aus Äthiopien, vor 1937, Nachlass Dr. Albert Bruns.

Handkreuz eines Priesters, vor 1937, Nachlass Dr. Albert Bruns.

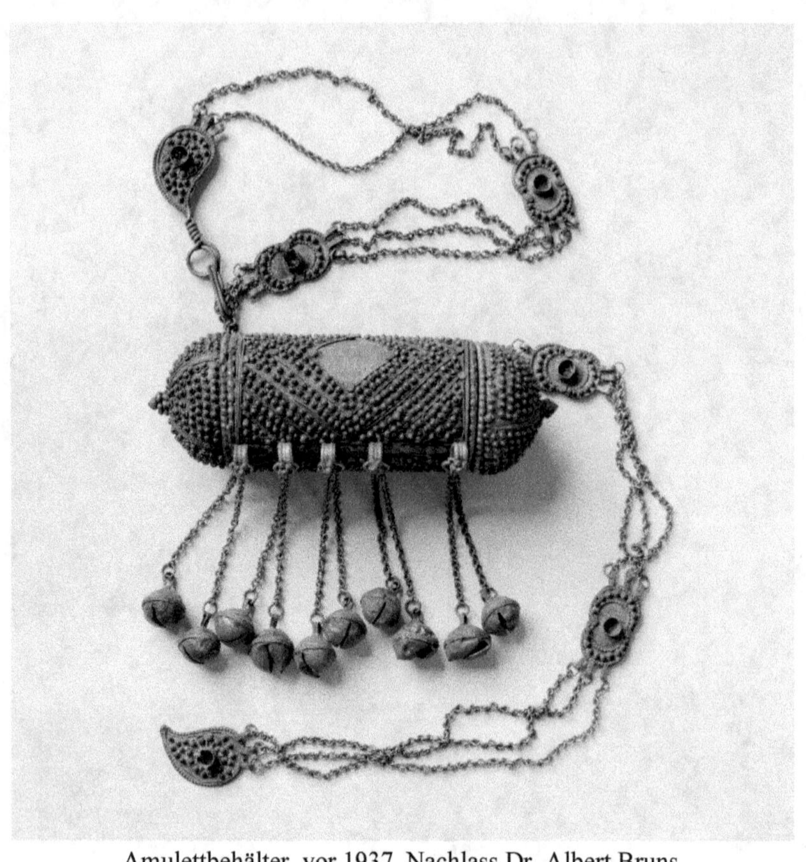

Amulettbehälter, vor 1937, Nachlass Dr. Albert Bruns.

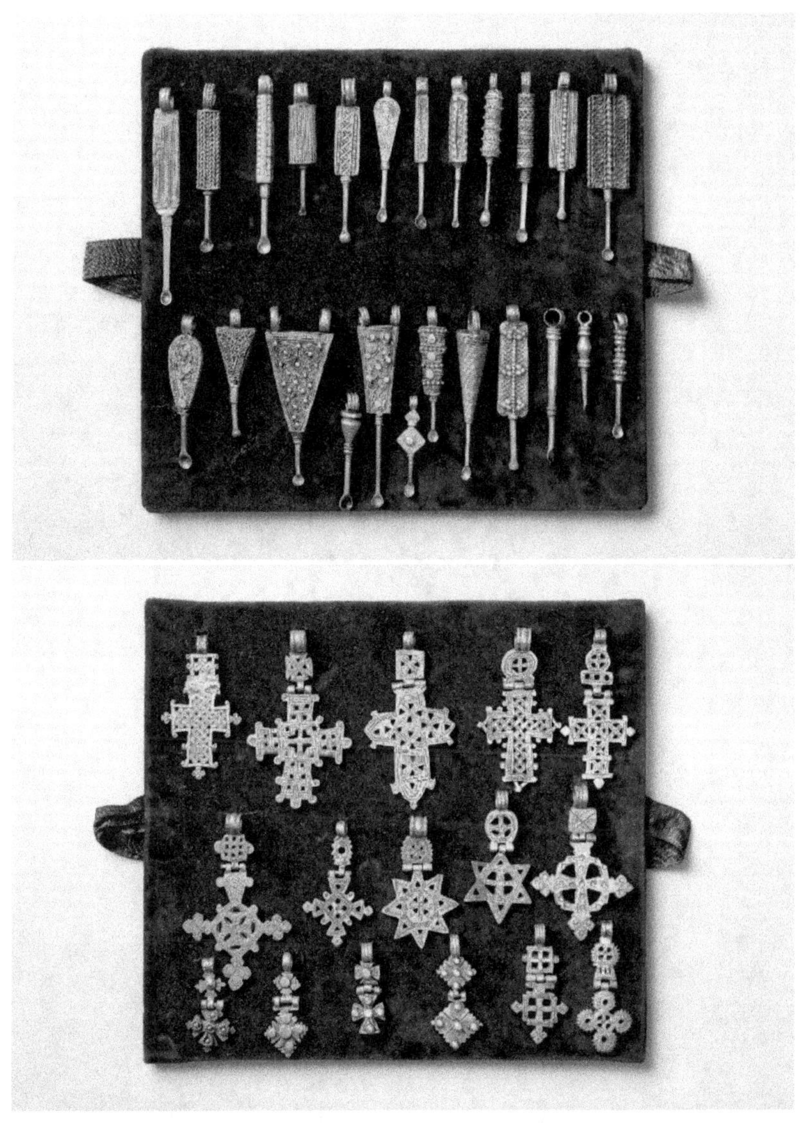

Ohrlöffel und Schmuck aus Silber, vor 1937, Nachlass Dr. Albert Bruns.

Samowar aus Minsk (Weißrussland), vor 1945, Sammlung Ingo Bubert.

Ekeko aus Bolivien, vor 1966, Sammlung Ingrid Berlik.

Portraitkopf aus Holz, Nigeria, 1960er Jahre, Sammlung Ludwig Orth.

Miniaturmodelle, Kanne und Trinkschalen aus China, 1970er bis 1990er Jahre, Sammlungen Winfred Liebig, Inge Wolgast und Elfriede Sievers.

Metallbecher aus Kabul (Afghanistan), vor 1972 und Dolch aus Jordanien,
vor 1969, Sammlung Klaus Künzel.

Halsschmuck aus Federn von den Mbya (Paraguay), 1990er Jahre,
Sammlung Gotelind Frede.

Holzfiguren der Mbya (Paraguay), 1990er Jahre, Sammlung Gotelind Frede.

Holzfiguren in Probsteier Tracht aus El Salvador, vor 2013, Sammlung
Christine und Dr. Christian Stocks.

Kopfbedeckung für Männer, Gebetskette und Trinkschale für das heilige Wasser. Sammlungen Mona Grimane und Fadime Ertekin.

Holzschnitzerei eines Leichenzugs mit Gamelan-Orchester in Bootsform, Bali (Indonesien). Sammlung Christine Orth.

Kindermaske für den Barong-Tanz, Bali (Indonesien). Sammlung Tristan Frühsorge.

Kerze und Wüstenfunde aus Tunesien, Sammlung Monika Most-Seidel

Kopie der Qingming-Rolle, China, Sammlung Klaus Wagner.

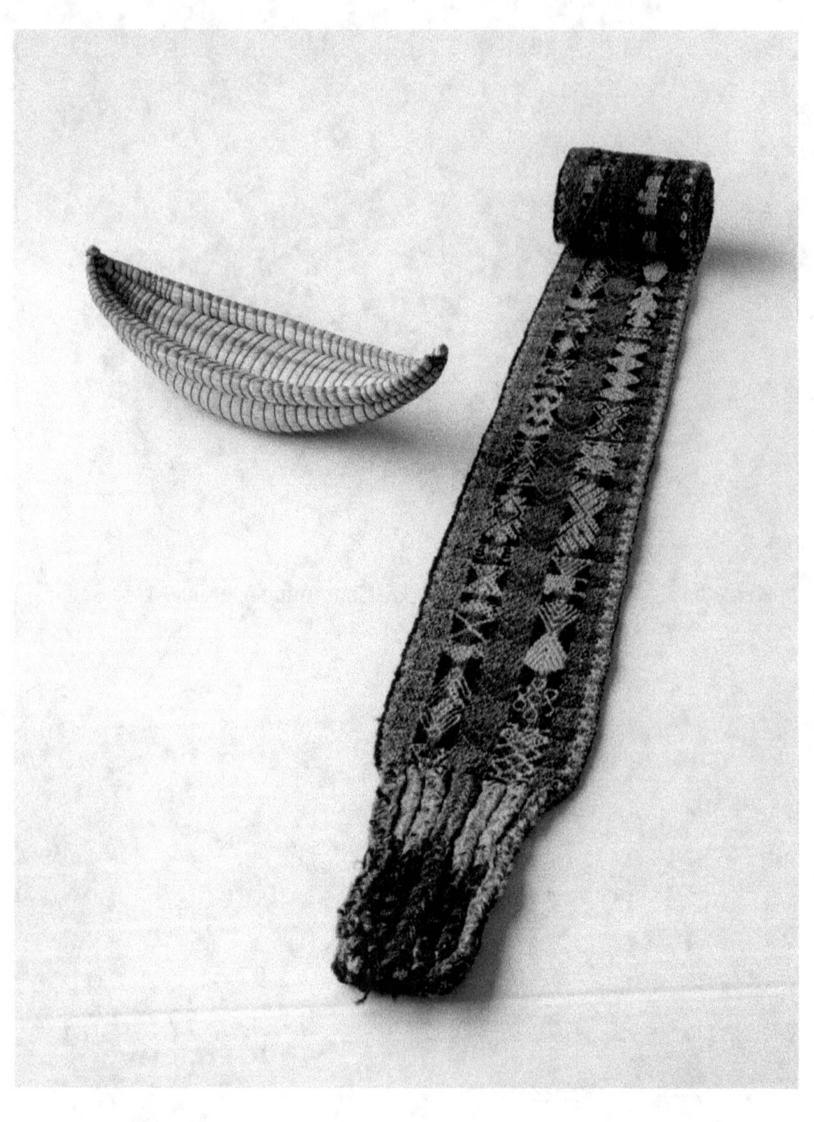

Webgürtel einer Quechua-Frau und Schilfbootmodell der Uros vom
Tititcacasee (Peru), Sammlung Ingeborg Wittig.

Nachbildung einer altmexikanischen Götterfigur,
Sammlung Dr. Rainer Wirth.

124

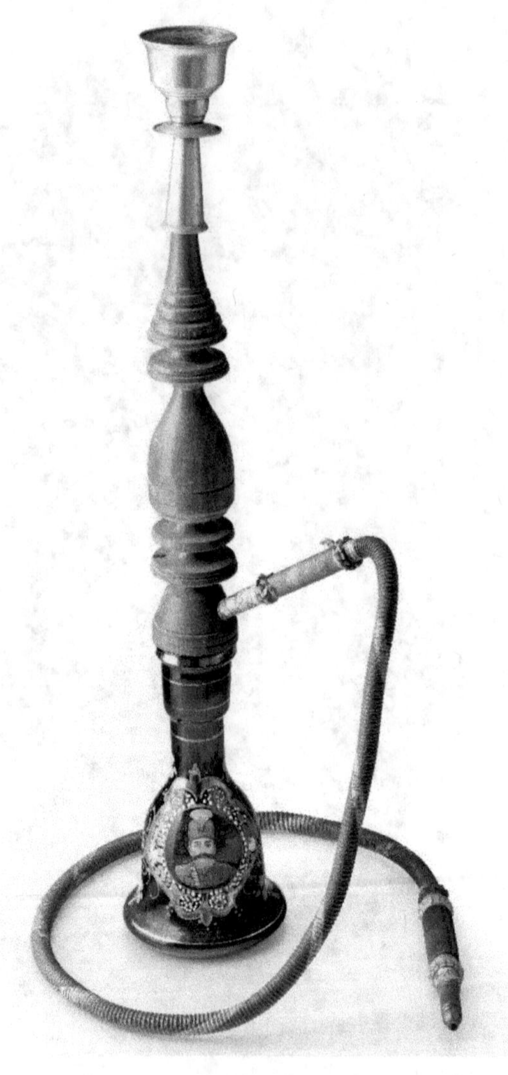

Wasserpfeife aus dem Iran,
Geschenk von Dr. Reza Khojasteh an Dr. Heinz Wilhelm Hansen.

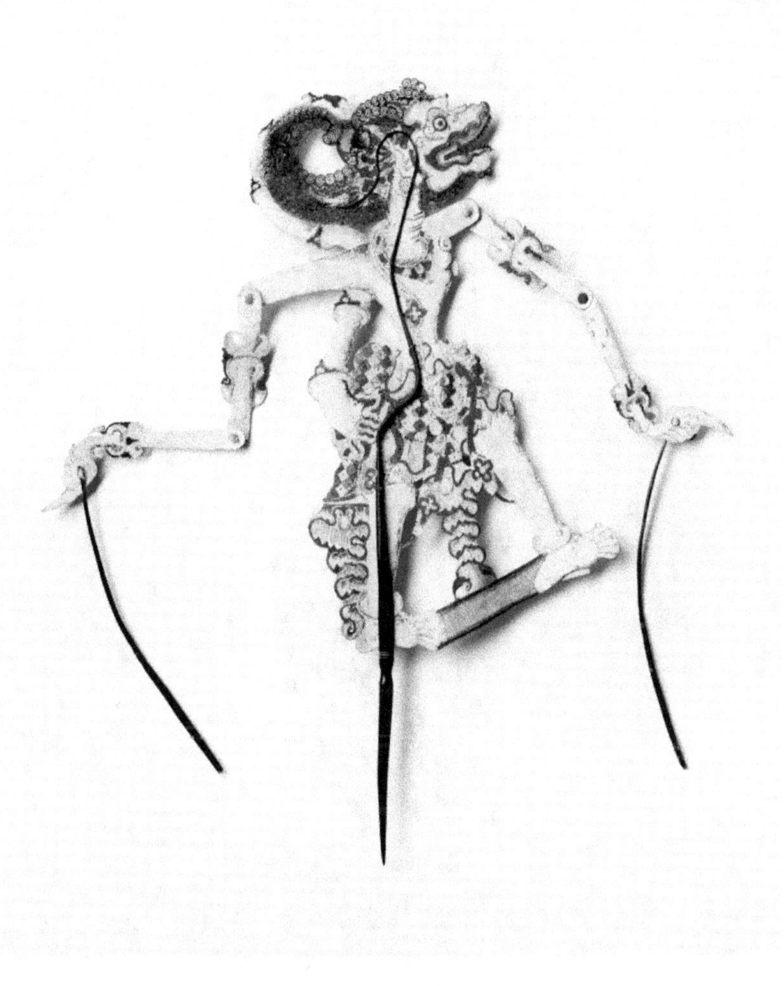

Schattenspielfigur aus Sri Lanka,
Geschenk eines Teilnehmers des Papiertheatertreffens an Dirk Reimers.

Ahnenmaskenfigur aus Westafrika, 1960er Jahre, Sammlung Silke Päben.

Ostafrikanische Typenfigur aus Holz, Sammlung Günther Schempp.

www.ingramcontent.com/pod-product-compliance
Lightning Source LLC
Chambersburg PA
CBHW051747250726
48659CB00001B/291